1 7 8 1

Eberhard Döring

KARL R. POPPER

Einführung
in Leben und Werk

Hoffmann und Campe

Technische Vorbemerkung:
Verweise auf Werke oder Zitate Poppers sind im Text nur mit Ziffern in Klammer gekennzeichnet, soweit die Quelle aus dem Zusammenhang klar ersichtlich ist. (Für ›Logik der Forschung‹ wird auch LdF, für ›Conjectures and Refutations‹ C & R verwendet.) Angaben, die in der ›Auswahlbibliographie‹ am Schluß des Bandes angeführt sind, werden in den Anmerkungen ausgespart.

CIP-Kurztitelaufnahme der Deutschen Bibliothek

Döring, Eberhard:
Karl R. Popper : Einf. in Leben u. Werk / Eberhard Döring. –
1. Aufl. – Hamburg : Hoffmann und Campe, 1987.
ISBN 3-455-08626-8

Copyright © 1987 by Hoffmann und Campe Verlag, Hamburg
Schutzumschlag- und Einbandgestaltung Werner Rebhuhn
Gesetzt aus der Aldus-Antiqua
Satz Fotosatz Otto Gutfreund, Darmstadt
Druck und Bindearbeiten Clausen & Bosse, Leck
Printed in Germany

Tanto quis doctior erit, quanto se sciverit
magis ignorantem.   CUSANUS

Das menschliche Individuum ist das
höchste und unvollkommenste Wesen.
                                    NIETZSCHE

Der Mensch denkt sich frei, nach einer
Idee der Freiheit, als ob er frei wäre, und
eo ipso ist er frei.   KANT

Meinem Zwillingsbruder Walter

INHALT

Teil III
Zur Einheit der Methode des Kritischen Rationalismus

VORWORT

Das vorliegende Buch ist auf Anregung meines früheren Vertrauensdozenten von der Studienstiftung des deutschen Volkes, Herrn Prof. Dr. Manfred Wolff, Ordinarius für Mathematik an der Universität Tübingen, zustande gekommen. Dafür gilt ihm mein wärmster Dank.

Auch versteht sich der Text als Dank an Sir Karl Popper, auf dessen Gutachten hin mir 1979 die Zulassung zum Begabtenabitur (am Oberschulamt Freiburg) gewährt wurde. Meinen heutigen Dank an ihn möchte ich mit herzlichen Glückwünschen zu seinem 85. Geburtstag (am 28. Juli 1987) verbinden.

Für kritische Hinweise zum Text danke ich ferner Frau Ingeborg Fleischmann, für Durchsicht des Manuskripts Frau Dr. Gabriele Feige, Frau Brigitta von Wolff-Metternich, meinem Freund Stefan Majetschak sowie Herrn Professor Dr. Ralf Dahrendorf. Last but not least möchte ich meinem Doktorvater, Herrn Professor Dr. Josef Simon, für seine lange Geduld mit mir danken und vor allem auch dafür, daß er es mir ermöglicht hat, dieses Buch parallel zu meiner Dissertation zu schreiben.

Bonn, im Februar 1987   Eberhard Döring

EINLEITUNG

Die Sekundärliteratur zu Poppers Erkenntnistheorie sowie zu deren politischen Konsequenzen wächst ins Unüberschaubare, Popper selbst gehört (an zweiter Stelle nach Habermas[1]) zu den am meisten zitierten Philosophen, aber bisher wurde es noch nie unternommen, sein umfangreiches Gesamtwerk auf dessen Kernpunkte hin zusammenzufassen und in einer Übersicht vorzustellen. Die vorliegende Einführung in Leben und Werk des modernen Erkenntnistheoretikers macht es sich zur Aufgabe, diese Lücke zu schließen und zugleich den Nachweis zu erbringen, daß die Demokratie in Popper einen ihrer größten zeitgenössischen Theoretiker hat.

Die unter der Bezeichnung ›Kritischer Rationalismus‹ bekanntgewordene Philosophie (des korrespondenztheoretischen Realismus) Poppers deckt – grob gegliedert – drei Schwerpunkte ab, an denen sich die vorliegende Darstellung in ihrer Themengewichtung orientiert.

Im Zentrum des ersten Teils steht die Frage nach der Tragfähigkeit menschlicher Erkenntnis. Popper beantwortet sie mit seiner *Theorie des Kritischen Rationalismus*, die darlegt, wie der Verstand als das logisch rationale Erkenntnisvermögen gedacht werden muß, wenn er zur Gestaltung der Wirklichkeit erfolgreich auf Wahrheitssuche geht, und wie er sich kritisch zu disziplinieren hat, wenn er mit intellektueller Verantwortlichkeit den Rahmen seiner eigenen Grenzen berücksichtigt. Insofern macht die erkenntnistheoretische Reflexion eine disziplinierte Verstandeskritik aus, die einer Überschreitung (oder ›Transzendenz‹) der eigenen Kapazität Einhalt gebietet und sich vermittels dieser rationalen Selbstbeherrschung um einen wissenschaftlichen Fortschritt im Sinne einer Annäherung an die Wahrheit bemüht.

Bei der Analyse erkenntnistheoretischer Probleme und in der Auseinandersetzung mit herrschenden Diskussionen bezüglich zahlreicher traditioneller Ansätze zu philosophischen Denkrichtungen spürt Popper zwei Hauptaspekte auf, die er in seinem theoretischen Werk verfolgt und deren Schwierigkeiten er im Verlauf ihrer Behandlung beseitigt. Es handelt sich zum einen um die ›Induktion‹ (d. h. die Verallgemeinerung singulärer empirischer Beobachtungen), deren logische Gültigkeit seit David Hume in Zweifel steht, und zum anderen um das ›Abgrenzungskriterium‹ (gegen Pseudowissenschaft), die als ›die beiden Grundprobleme der Erkenntnistheorie‹ zu lösen sind, um die rationale Überprüfbarkeit aller ›Logik der Forschung‹ zu gewährleisten. Hingegen haben selbst die bewährtesten Theorien der gesamten Wissenschaft keinen Anspruch auf sichere Gewißheit, wenn sie sich nicht überprüfen lassen, da grundsätzlich nicht auszuschließen ist, daß mittels kritischer Korrekturen und Fehlerbeseitigungen eine geeignetere Annäherung (Approximation) an die wahren Strukturen der Realität (gedacht als subjektunabhängige Objektivität) möglich ist. *Erkenntnisfortschritt* trotz Sicherheitsverzichts und *Wahrheit* trotz Verlustes ihrer Gewißheit sind somit die Brennpunkte des Kritischen Rationalismus Poppers.

Auf welchen ›Ausgangspunkten‹ die Theorie des Kritischen Rationalismus basiert, kann in einem ersten Zugriff der Autobiographie Poppers entnommen werden, die einen hinführenden Überblick über die Zusammenhänge seines Werkes mit seiner persönlichen Lebensgeschichte bietet. Nach den rein logischen Erwägungen zum Vermutungswissen findet der erste Teil seinen Abschluß in einem Blick auf Poppers Sicht der Dialektik im Zusammenhang mit seiner Aufsatzsammlung ›Conjectures and Refutations‹ und mit vorbereitenden Bemerkungen zum konjekturalen Denken überhaupt. Welche politischen Konsequenzen sich aus Poppers pluralistisch-antidogmatischer Erkenntnistheorie ergeben, ist Gegenstand des zweiten Teils dieser Einführung, der sich mit der *Praxis des Kritischen Rationalismus* (als dessen Anwendung in der Politik) beschäftigt. Zwar ist das Gesamtwerk Poppers von Bekenntnissen zur Aufklärung und zur Demokratie, zur individuellen Freiheit und zum toleranten Liberalismus durchwoben, aber sein vehementes Engagement für die Offenheit der Gesellschaft und gegen die freiheitsbedrohenden Dogmen ihrer Feinde ist nirgends so ausdrücklich niedergelegt wie in den beiden Büchern, die er unter dem Eindruck des Zweiten Weltkriegs verfaßt hat: ›Das Elend des Historizismus‹ und ›Die offene Gesellschaft und ihre Feinde‹ (Bd. I und II).

›Das Elend des Historizismus‹ analysiert dogmatische Positionen der Geschichtsphilosophie, die mit soziologischen Ganzheitsmethoden und universellen Generalstabsplänen über die Köpfe der Individuen hinweg auf totalitäre Vergesellschaftung abzielen. Ihnen hält Popper eine ›Stückwerksreform‹ entgegen, mit der sich eine Vermenschlichung der Gesellschaft in demokratischer Freiheit anstelle einer Vergesellschaftung des Menschen denken läßt. In fertigen Rezepten für eine geschlossene (kollektivistisch vereinheitlichte) Sozialisation sieht er das politische Grundübel von Theorien, die mit dem Anspruch absoluten Wissens auftreten und schon aufgrund solch uneinlösbar übertriebener Voraussetzungen jegliche Möglichkeit zur Kontrolle und zur Kritik ignorieren. Als »Anti-Marxist und Liberaler«[2], »common sense-pluralist«[3] oder »nichtrevolutionärer Liberaler«[4], wie sich Popper selbst bezeichnet, geht er alle Konzepte mit scharfer Kritik an, die mit idealtypischen

Kollektivierungsprogrammen operieren und dadurch liberal-demokratischen Freiheitsprinzipien entgegengesetzt sind.

Die Grundpfeiler freiheitlicher Demokratie sind für Popper Toleranz, Freiheit und Individualität, wobei Toleranz mit dem Eingeständnis der (vor allem eigenen) Fehlbarkeit, Freiheit mit Negation des Determinismus und Individualität mit eigenverantwortlicher Ungleichheit (bezüglich der Fähigkeiten und Interessen) verbunden sind. Fehler sind immer möglich, können aber rational kritisiert und danach entsprechend verbessert werden. Freiheit besagt Selbstgesetzgebung (Auto-nomie), die an der Autonomie anderer Individuen nicht nur ihre Berührungslinie, sondern auch ihre Grenze hat. Und Individualität impliziert undurchdringliche Subjektivität, die sich nicht auf allgemeine Begriffe bringen und erst recht nicht kollektiv eingemeinden läßt.

In der Achtung der autonomen Selbstverantwortung und Unverwechselbarkeit des einzelnen richten sich die Grundprinzipien der Demokratie aus. Popper weiß sie als Bedingungen für eine ›offene Gesellschaft‹ gegen ›ihre Feinde‹ zu schützen, indem er dazu konträre Doktrinen analysiert und seiner Kritik unterzieht. (Da jedoch eine Kritik niemals mit dem Anspruch auf Endgültigkeit antreten kann, sondern ihrerseits ›offen‹stehen muß für weitere Diskussion, ist auch Poppers Interpretation seiner ›Gegner‹ – insbesondere Hegels[5] – auf dem Boden einer bestimmten Perspektive zu sehen, die sich aufgrund ihrer pluralistischen Toleranz nicht über andere Perspektiven erheben kann.)

Am nachhaltigsten – und bis heute auf die Tradition wirksam – hat Popper zufolge Platon das Elend des Historizismus konturiert, indem er den Mythos vom Ursprung und Schicksal in seiner essentialistischen Ideenlehre mit seinem naturalistischen Verständnis vom ›besten Staat‹ (und vom ›königlichen Philosophen‹) in Verbindung gebracht hat.

›Der Zauber Platons‹ (so lautet der Untertitel des ersten Bandes) wird von Popper als Feind der offenen Gesellschaft ins Visier genommen, indem er der deutschen Ausgabe eine Gedächtnisrede Kant zu Ehren voranstellt, die dem Primat der Aufklärung eine besondere Rolle zuspricht. Der zweite Band hat ›Hegel, Marx und die Folgen‹ zum Gegenstand (wie schon der Untertitel anzeigt) und baut auf der Kritik an Platons Staatsverständnis auf, indem aus allen genannten Positionen eine Tendenz zum historizistischen Totalitarismus herausgelesen wird.

Zur Einheit der Methode des Kritischen Rationalismus lassen sich – in einem dritten und letzten Teil unserer einführenden Darstellung – Poppers Gedanken bezüglich der *Objektiven Erkenntnis* im Zusammenhang mit seiner ›3-Welten-Lehre‹ und der damit verbundenen Formel zum Folgeprobleme aufwerfenden Problemlösungsverfahren kombinieren. Hierzu gehören auch die in den Naturwissenschaften diskutierten Vermutungen zum Leib-Seele-Problem (Poppers und Eccles') und die ergänzenden Thesen, mit denen sich Popper – in seiner vorläufig letzten Buchveröffentlichung (von 1984) – auf die ›Suche nach einer besseren Welt‹ unter pluralistisch-liberaler Orientierung (also ohne Heilsversprechungen) begibt, wobei nach wie vor die erkenntnistheoretischen Erwägungen – die im ersten Teil schon einen breiten Raum einnehmen – leitend bleiben.

Die einzelnen Kapitel haben praktisch jeweils ein Buch Poppers zum Gegenstand – wenn auch nur einleitend und zur vertiefenden Lektüre anleitend. Auf diese Weise wird eine das Gesamtwerk berücksichtigende Synopse (in toto) möglich, zum anderen lassen sich (pars pro toto) Einzelthemen herausgreifen und gesondert betrachten. Die Gliederung in drei Hauptabschnitte versucht den themenspezifischen Schwerpunkten der Popperschen Philosophie gerecht zu werden und seine Überlegungen zur Demokratie zum Ausdruck zu bringen.

In der knappen Zusammenfassung am Ende des Buches werden ferner kritische Fragen an den Kritischen Rationalismus vorgebracht, die bereits zuvor in einigen Kapiteln anklingen; denn Poppers eigenes Anliegen besteht ja nicht darin, holistische Globalargumente zu liefern, die immun gegen Einwände (und weiterführende Diskussion) zu sein beanspruchen. Keine rationale Argumentation kann auf Endgültigkeit von Thesen und dogmatisches Verschließen (in einer dann nicht mehr ›offenen Gesellschaft‹) abzielen, sondern nur als Anregung zur prinzipiell unabschließbaren Auseinandersetzung einen Beitrag leisten, wozu sich der liberale Pluralismus verpflichtet weiß.

Poppers Bemühen um diesen polyperspektivischen Individualismus gilt nicht zuletzt als Vorbild für den Versuch einer Einführung in sein Denken und Wirken.

TEIL I

Zur Theorie des Kritischen Rationalismus

1. KAPITEL

Poppers Biographie

(AUSGANGSPUNKTE)

»Was für eine Philosophie man wähle, hängt davon ab, was man für ein Mensch ist, denn ein philosophisches System ist nicht ein toter Hausrat, den man ablegen oder annehmen könnte, wie es uns beliebte, sondern es ist beseelt durch die Seele des Menschen, der es hat«[1]. Diese Bemerkung Fichtes aus seiner Ersten Einleitung in die Wissenschaftslehre von 1797 trifft in besonderem Maße auf Karl Popper zu, dessen Lebenslauf in engem Zusammenhang mit seiner Erkenntnistheorie, seinen politischen Einschätzungen und seinem philosophischen Stil steht.

Die wichtigsten Stationen seines Lebens und die damit verbundenen Auswirkungen auf sein Denken sollte Popper bereits im Jahre 1963 autobiographisch für die von Paul Arthur Schilpp herausgegebene ›Library of Living Philosophers‹ zusammenfassen. Wie aber so vieles bei Popper keineswegs gradlinig verlaufen ist, bevor es dann doch ein großer Erfolg wurde, so kam auch die Selbstdarstellung seiner intellektuellen Entwicklung erst viel später als geplant zum Abschluß: Sie erschien 1974 als ›Autobiography of Karl Popper‹ in dem zweibändigen Werk ›The Philosophy of Karl Popper‹. Dem breiten Publikum zugänglich wurde sie zwei Jahre später in einer überarbeiteten Fassung als Taschenbuch unter dem Titel ›Unended Quest. An Intellectual Autobiography‹. (Anfang 1979 folgte die deutsche Fassung ›Ausgangspunkte. Meine intellektuelle Entwicklung‹.)

Sowohl der englische als auch der deutsche Buchtitel ist

von ästhetischen Assoziationen getragen, die ganz bewußt auf Mehrdeutigkeit abzielen: Ein unendliches Suchen oder Forschen, das nie zu einem sicheren Ende kommt, ist von Ausgangspunkten abhängig, liefert jedoch niemals endgültige Resultate, da sie immer wieder in Frage gestellt werden können. Rastlos bemüht sich Popper um erkenntnistheoretisch vertretbare Problemlösungen, wobei er nicht additiv-summarisch Fakten aufzählt, speichert und danach enzyklopädisch archiviert; es geht ihm vielmehr um ein problemorientiertes Prüfen, Experimentieren und Auswählen, das nie zu einem gesicherten Stillstand kommt und zu keiner Zeit einen dogmatischen Standpunkt zuläßt.

Denn Wahrheit wird nicht als bare Münze betrachtet, wie auch wissenschaftlicher Fortschritt keinem Vergleich mit kumulativem Warenerwerb standhält. Wie man im Alltagsbereich ›aus Erfahrung klug‹ wird (wobei es sich in aller Regel um eine schlechte Erfahrung handelt, deren Wiederholung zu vermeiden klug ist), so verfährt auch die rationale Wissenschaft nach dem Prinzip ›trial and error‹ bzw. nach dem Verfahren ›Fortschritt über Fehlschritte‹. Und wie politische Entscheidungen revidierbar sind, sind Theorien jeglicher Art (sofern sie rational formuliert sind) widerlegbar, sofern sie nicht einer logisch-kritischen Überprüfung und Fehler-Ausmerzung standzuhalten vermögen.

In Poppers Leben war es eine frühe politische Entscheidung (für den Kommunismus), zu deren Revision er sich kurz darauf aus logischen und persönlichen Gründen veranlaßt sah – er fühlte sich mitschuldig am Tod von Menschen, die bei bewaffneten Auseinandersetzungen 1919 ums Leben kamen – und die ihn von da an wachsam sein ließ. So nachhaltig empfand er diese Enttäuschung, daß er sich entschloß, andere vor seinem einmal begangenen theoretischen Irrtum zu warnen. Schließlich gehörte die Vorstellung, jeder müsse für sich selbst einen Irrtum ausprobieren, um künftig für dessen Vermeidung sensibilisiert zu sein, keineswegs zu Poppers Philosophie. Im Gegenteil sind das argumentative Vorgehen und die sprachliche Verständigung das Hauptmoment des evolutiven Selektionsvorteils für den Menschen, der seine ungeeigneten (durch logische Überprüfung ausgemerzten) Theorien, Hypothesen und Handlungsmodelle an seiner Stelle sterben lassen kann. In einer sich ändernden Umwelt können neue Probleme mit neuen Theorien und deren Umsetzung in die Praxis neue ökologische Nischen schaffen, ohne hierfür einer genetisch günstigen Mutation zu bedürfen, die sich ohnehin nicht ›auf Wunsch‹ oder ›bei Bedarf‹ einstellt, wo andere Bedingungen nach einer Anpassung verlangen, die bis zur nächsten Problemlage eine überlebenssichernde Bewährung gestatten.

Sich verändernde Umweltbedingungen, die im Tierreich eine ganze Art bedrohen können, betreffen den theoretisch planungsfähigen Menschen zwar weniger als eine Spezies, die durch mangelnde genetische Ausstattung vom Selektionsdruck fast wörtlich erdrückt werden kann, aber dafür hat die Evolution zweiter Stufe – die Evolution der Sprache und der damit verbundenen Möglichkeiten zur Argumentation und Kritik (d. h. die kulturelle Evolution) – ebenfalls nicht nur eine ›Vorderseite der Medaille‹ aufzuweisen. Dogmatische Ideologien, politische Verblendungen, religiöser Starrsinn und irrationaler Fanatismus, also gerade *theoretische* Verbohrtheit (bis hin zu Bezeichnungen wie ›heiliger Krieg‹ etc.) sind die Gefahren zweiter Stufe, die mit dem bislang bewährten Selektionsvorteil als ›Rückseite‹ der ständig mit im Blick zu behaltenden Fortschrittsmedaille einhergehen. Eine Problemlösung impliziert potentiell Folgeprobleme, weshalb die Forschung (verstanden als institutionalisierte Problemlösungsinstanz) sich zu keiner Zeit zur Ruhe begeben kann, als hätte sie alle Probleme endgültig gelöst.

Das Weiterarbeiten im Kampf gegen nicht selten theoretisch zustande gekommene Bedrohungen ist fester Bestandteil des rationalen Konzepts, wie Popper es als ›unended quest‹ mit sich historisch verändernden ›Ausgangspunkten‹ versteht. So ist seine Autobiographie unter diesen beiden aufschlußreichen (metaphorischen) und wegweisenden Titeln selbst eine Einführung in das Leben und Werk Karl Poppers, wenngleich darin seine methodologischen Überlegungen nur im Abriß dargestellt werden.

Vor dem Hintergrund seiner biographischen Lebenserfahrungen und der damit verflochtenen politischen und philosophischen (individuellen) Entscheidungen wird der Zugang zu Poppers Erkenntnistheorie jedenfalls sehr erleichtert. Und ein besseres Verständnis seiner Hauptwerke erscheint schon deshalb gewährleistet, weil Vita und Werk eine sich gegenseitig bedingende Einheit ausmachen, die es zu bedenken gilt, bevor man den einen oder anderen Text aus seinem lebensgeschichtlichen Umfeld isoliert und dann eventuell vorschnell einer Kritik unterzieht, die dem Umstand nicht gerecht wird, daß alle Texte aus einem – auch biographischen – Kontext nur problematisch herauszulösen sind. Aber auch die umgekehrte Betrachtungsweise bei der Interpretation eines auch nur aus *einer* (eben seiner) Perspektive heraus argumentierenden Denkers darf nicht dazu führen, in purer Ehrfurcht zu erstarren und aus dieser Begeisterung für eine bestimmte Philosophie einen wiederum einseitigen Dogmatismus – etwa einen ›Popperianismus‹ – zu entwickeln. Poppers primäres Augenmerk gilt der Kritik *aller* zur Debatte gestellten Theorien (um bessere von schlechteren zu unterscheiden), wovon seine eigene methodologische Theorie nicht ausgenommen ist. Von daher empfiehlt sich ein Gratwandel zwischen voreiliger Verdammung und ebenso voreiliger Apotheose unter gleichzeitigem Wissen darum, daß jede Interpretation standpunktbedingt ist und nicht von einem für alle verbindlichen Ausgangspunkt – sondern eben von individuell verschiedenen

Blickwinkeln (daher der Plural ›Ausgangspunkte‹) – her geschieht. Einer dieser Blickwinkel oder Ausgangspunkte ist der Poppers, wie er in seinen Schriften zum Ausdruck kommt; eine andere Perspektive ist die seiner Leser. Sollte man entdecken, daß entweder der Interpretierte oder der Interpretierende auf einem absolut sicheren Fundament stünde, brauchte man den Dialog gar nicht erst aufzunehmen.

Das Sich-Einlassen auf Philosophie bzw. auf einen philosophischen Autor erfordert ein tolerantes Sich-Sagen-Lassen, ohne daß man sich hierbei bevormundend etwas Endgültiges gesagt sein lassen müßte. Jeder Dialog lebt von der Offenheit, die im Akzeptieren von individueller Andersheit und im Zulassen anderer Meinungen oder ›Ausgangspunkte‹ besteht, zumal sich erst von da an ›etwas‹ sagen und diskutieren läßt. Jeder Dialog setzt damit voraus, daß nicht jeder ›dieselbe‹ Meinung hat, sondern aufgrund anderer (d. h. eigener) Herkunft, Bildung, Biographie etc. einen eigenen (d. h. anderen) Standpunkt vertritt, den er aus seiner individuellen Perspektive heraus einnimmt. Das Zustandekommen eines Dialogs ist mithin abhängig von Toleranz, Individualität und Freiheit; sie müssen zugestanden sein, wenn überhaupt ein sinnvolles Argumentieren und rationales Diskutieren stattfinden soll.

Toleranz, Individualität und Freiheit sind die ›condiciones sine quibus non‹ für alle theoretischen Auseinandersetzungen. In einem nicht definitiv geklärten Sinne sind sie sogar dann schon gegeben, wenn diese Prinzipien selbst zum Gegenstand oder Thema der Diskussion und der rationalen Argumentation erhoben werden sollen. Wie alle Begriffe sind sie nicht von vornherein in einem eindeutigen und für alle gleichermaßen (allgemein) festgelegten Bedeutungsdogma vorgeschrieben, sondern können jederzeit wieder zum Problem werden, wenn sich innerhalb eines Dialogs neue Schwierigkeiten damit ergeben. Die Schwierigkeit eben solcher nicht von einer ›obersten Instanz‹ festgeschriebenen Definitionen für Freiheit, Individualität, Toleranz (oder auch: Gerechtigkeit, Demokratie, Vernunft etc.) liegt gerade darin, daß sie ein sich potentiell immer wieder stellendes Problem ausmachen, das sich nicht ein für allemal ›ausdiskutieren‹ läßt.

Nach Popper sind alle Probleme nur vorläufig lösbar und ihre Lösungen nur auf begrenzte Zeit bewährbar, ohne daß sich einem Problem und dessen temporär befriedigender Lösung ansehen ließe, ob und wann es möglicherweise Folgeprobleme aufwirft. Kommt es jedoch überhaupt zu einer Diskussion – worüber auch immer –, sind die Begriffe Freiheit etc. in einem (evtl. vagen) Sinne bereits gelöst und gestatten damit eine Debatte, innerhalb derer sie selbst aber grundsätzlich auch immer wieder in Frage gestellt werden und damit ein Folgeproblem aufwerfen können. Insofern ist zu verstehen, daß von verschiedenen ›Ausgangspunkten‹ aus alle Diskussion über ein bestimmtes Thema nur zu einer temporär befriedigenden Lösung mit Hilfe von diesbezüglich hinreichend ›bewährten‹ Theorien führen kann, ohne daß absehbar wäre, ob und wann es auch zum Kollaps einer bis dato hervorragend bewährten Theorie kommt.

Diesen auf den ersten Blick nicht sehr befriedigenden Umstand erhebt Popper zu seinem vorrangigen erkenntnistheoretischen Problem, für das er eine methodologische Lösung – natürlich nur theoretisch und damit potentiell problematisch – sucht und zur Diskussion stellt. Daß auch er damit keine endgültige und für alle (erst recht nicht für ›alle Zeiten‹) verbindliche Lösung anbieten kann, ist fürs erste aber bereits dadurch dokumentiert, daß er für seine Autobiographie solch offensichtlich ›offene‹ Titel gewählt hat wie ›Unended Quest‹ und ›Ausgangspunkte‹.

Sein eigener biographischer Ausgangspunkt liegt geographisch in Österreich (genauer: am Himmelhof, in Ober Sankt Veit in Wien) und ›historisch‹ am Beginn des 20. Jahrhunderts (genauer: am 28. Juli 1902). Er wurde in eine Epoche hineingeboren, die ihm und seiner Generation zwei Weltkriege, viel Armut und oftmals große Not beschert hat. Die damit verbundenen Wirren und außergewöhnlichen Herausforderungen haben sicherlich mit dazu beigetragen, daß sich Popper früh darin übte, sein Hauptaugenmerk in schwierigen Zeiten auf niemals auszuschließende (diesseitige) Probleme zu richten. Der Blick für ›reale‹ Situationen wurde, wie Popper selbst schreibt, bei ihm schon in der Kindheit geschärft: »Eines der großen Probleme, die mich schon als Kind bewegten, war das fürchterliche Elend in Wien« (4). Der Realismus wurde zum Zentrum seiner Erkenntnistheorie. Kein Wunder also, daß er sich zeit seines Lebens dagegen verwahrte, philosophische Bemühungen und theoretische Ansätze für – wenigstens temporäre – Problemlösungen in einem weltfremden Elfenbeinturm zu formulieren. Kein Wunder aber auch, daß er mit einer manchmal seine eigenen Toleranzgrundsätze scharf an die Grenze führenden (mitunter auch überschreitenden) Überempfindlichkeit auf theoretische Perspektiven reagiert, die mit seinem Verständnis von Philosophie und Erkenntnistheorie (zumindest seiner Meinung nach) kollidieren.

Hierzu gehören alle immanenten und transzendenten Heilsversprechungstheorien, wie man sie etwa in theologischen oder marxistisch orientierten Ausgangspunkten findet. So bekennt Popper selbst, »daß ich eine lebenslängliche Abneigung gegen das Theoretisieren über Gott davontrug. Theologie ist, so glaube ich noch immer, ein Symptom des Unglaubens« (18).

Dieses Ressentiment gegen die Theologie, die bekanntlich auch ihrerseits nicht gerade mit unverbrüchlicher Toleranz aufwarten kann, wird inzwischen jedoch eher von Schülern Poppers lautstark vertreten – wobei in erster Linie an den kampfeslustigen Hans Albert zu denken ist[2] –, während Popper selbst diesen Aspekt nur selten erwähnt und dafür seine Unduldsamkeit lieber gegen alles richtet, was mit ›Dialektik‹ zu tun hat. Hier steht er dem ›common sense‹ besonders nahe, da im Alltagsbewußtsein das rational uneinsichtige Verfahren der Dialektik rasch Assoziationen mit dem auf Marx zurückgehenden ›dialektischen Materialismus‹ und dessen politischen Konsequenzen in der Praxis weckt. Vor allem die marxistische Politik mit ihrem undemokratischen Verhältnis zu den demokratischen Grundpfeilern Freiheit, Toleranz und Individualität legt es nahe, dem philosophisch ohnehin äußerst schwierigen Thema der Dialektik mit Mißtrauen gegenüberzustehen. Wenn dann auch noch genuin idealistische Konzepte dem Verdacht ausgesetzt werden, als Ziehväter des dialektischen Materialismus in Frage zu kommen (was Popper etwa Hegel gegenüber im Bewußtsein des ›common sense‹ wachzuhalten nicht verhindert[3]), tun sich Schwierigkeiten für den Dialog auf, der auch ein tolerantes Zuhörenkönnen erfordert.

Da aber gerade nach Popper niemand für sich in Anspruch nehmen kann, allgemein und für jeden verbindlich das ›letzte Wort‹ zu behalten, gilt dies nicht nur der Theologie oder dem dialektischen Materialismus, sondern auch dem Kritischen Rationalismus gegenüber, der den Aspekt der ›unended quest‹ in seinen eigenen ›Ausgangspunkt‹ hineinnimmt und reflektiert. So kann es in erster Linie biographisch verstanden werden, wenn Popper als einstiger – wenngleich äußerst kurzfristiger – Anhänger des Kommunismus und anschließender vehementer Renegat dieses ›Irrtums‹ ein paar Schritte zu distanziert in die Epoche der Philosophiegeschichte zurückblickt, die er für den Keim späterer Klassenkampftheoretiker hält.

Das 8. Kapitel von Poppers Autobiographie ist mit einer Überschrift versehen, die deutlich macht, welche Bedeutung die Auseinandersetzung mit einer politischen Theorie (und Praxis) für ihn hatte, die unter dem Deckmantel einer vordergründigen Gerechtigkeit gerade in großen Notzeiten eine erhebliche Anziehungskraft auszuüben vermag. »Ein entscheidendes Jahr: Marxismus, Wissenschaft und Pseudowissenschaft«, so lautet diese Überschrift. Aber eigentlich hat Popper nie aufgehört, sich intellektuell damit zu beschäftigen. Als ›homo politicus‹ war er stets darum bemüht, politisch inhumane Praktiken aufzudecken, einer intensiven Prüfung zu unterziehen und argumentativ zu kritisieren, wie er auch als Erkenntnistheoretiker sein Leben der Unterscheidung zwischen diskursiv rationaler Wissenschaft und zahlreichen Ismen gewidmet hat, die zwar mit dem Anspruch auf Wissenschaftlichkeit auftreten, ihn aber nicht erfüllen können. Das logisch Gültige von Pseudowissenschaft abzugrenzen macht mithin den Kern seiner epistemologischen Forschungen aus, deren unmittelbar politische Folgen er in möglichst großer Deutlichkeit plausibel zu machen versucht.

Das »entscheidende Jahr«, von dem er in seiner Autobiographie (aber auch in allen Interviews) gerne spricht, ist das Jahr 1918, in dem er sich nicht nur dazu entschloß, frühzeitig – und ohne Abschluß – die Schule zu verlassen, sondern auch politisch initiativ zu werden. Das mag zwar recht selbständig, reif und erwachsen klingen, aber im Alter von nicht ganz siebzehn Jahren auch als recht eigensinnig interpretiert werden, zumal Popper sicherlich nicht der einzige war (und ist), der mitten in seiner Pubertät die Schulzeit als »Stunden hoffnungsloser Qual« (38) empfindet. Der spätere Erfolg gab ihm jedoch recht, so selbstsicher gewesen zu sein und ohne Matura (also ohne Abitur) gleich ein Universitätsstudium »auf eigene Faust« (39) in Angriff zu nehmen. Wenn er schreibt, »es war eine Zeit des Umsturzes, und nicht nur des politischen Umsturzes« (39), so ist das sowohl auf die Kriegs- und Nachkriegswirren zu beziehen als auch auf Poppers persönliche ›Umstürze‹, die nicht unmittelbar mit der Ausrufung der österreichischen Republik in Zusammenhang gebracht werden können.

Als junger (außerordentlicher) Student an der Wiener Universität besuchte er u. a. die »Versammlungen der Vereinigung sozialistischer Universitätsstudenten« (40) und kam auf diese Weise mit der vorwiegend kommunistischen Antikriegspropaganda in Berührung, »die mich und einige meiner Freunde überzeugte« (40). Da er die Kommunisten sogar für »die Avantgarde des Sozialismus« hielt (ebd.), bekannte er sich »für zwei oder drei Monate« zu ihnen. Doch »die Ernüchterung sollte bald kommen« (40).

Dieses freimütige Einräumen der baldigen Ernüchterung vom Kommunismus ist aber nicht etwa so zu lesen, als habe er diese kurze Episode der politischen Fehlinvestition als zu vernachlässigende Jugendsünde angesehen, da er rückblickend meint: »Was mich vom Kommunismus abbrachte und was mich auch bald vom Marxismus überhaupt wegführen sollte, gehört zu den wichtigsten Ereignissen meines Lebens« (40). Das ist nicht einfach so dahingeschrieben. Mit diesem Erlebnis ist der darauffolgende politische und wissenschaftliche Impetus Poppers verknüpft, der ihn seither rastlos um die Vermeidung von Irrtümern, Fehlern, inhumanen Ideologien, gewalttätigen Auseinandersetzungen und pseudo-intellektuellen Verführungen zugunsten einer »besseren Welt«[4] kämpfen ließ. Gerade sie kann jedoch nicht als Endprodukt eines Klassenkampfes oder als utopischer Lohn für andere lebensbedrohliche Streitigkeiten um Worte entstehen, denen Menschen geopfert werden müssen. Eine zukünftige Situation kann sich nicht plötzlich als Reich der Freiheit entpuppen, in dem keine weiteren Veränderungen mehr nötig sind. Vielmehr bedarf es der unablässigen Suche und nie endender Anstrengungen, all die Irrtümer fernzuhalten, die Menschen bedrohen, solange es Menschen gibt. So gesehen ist jede Vorstellung von einem auf Erden (oder sonstwo) fertig installierbaren Paradies verfrüht – eine verführerische theoretische Vorstellung. Die bessere Welt ist die Welt der beständigen Suche nach Fehlerausmerzung und der damit verbundenen temporären Fortschrittsvorstellung im vollen Bewußtsein dessen, daß eine utopische Ideallösung alles andere als eine akzeptable Lösung sein kann, weshalb nach Popper jegliche Utopie wörtlich genommen werden muß: Sie ist eine leere Versprechung uneinlösbarer Vorstellungen, für die es keinen Ort außerhalb der zu vermeidenden Irrtümer geben kann.

Ob nun ein heilsversprechendes Reich der Freiheit dort angesiedelt wird, wo das Reich der Notwendigkeit – von Klassenkämpfen, Revolutionen etc. – im Diesseits enden soll oder im Jenseits, ist nach Popper völlig belanglos. Der Wunsch nach einer ausgemerzten Fehlerausmerzungszeit (der freilich verlockend klingt) ist so unerfüllbar, wie die paradiesischen Träume unattraktiv würden, wenn solche Utopien tatsächlich eintreten könnten. Schon die Vorstellung vom glücklichen Leben im Garten Eden (oder in einer unterschiedslosen Gesellschaft) ist eine trügerische und vorschnelle Illusion, da man sich – wenn alles und alle gleich wären und es mithin keine Individualität mehr gäbe – nicht nur nichts mehr zu sagen hätte; auch jeder nonverbale Personenverkehr käme in einem allgemein vereinheitlichten Grau-in-Grau zum Erliegen.

Weil alle kontrast-nivellierende Gleichheitsvorstellung utopischer Erlösungsträume nur Uneinlösbarkeit und Enttäuschung zur Folge haben können, lehnt Popper sie ab. Er zieht übereilten Illusionen einer fehlerfreien Gesellschaft ohne Bedarf an Engagement und Einsatz die realitätsnähere Anstrengung vor, an der Vermeidung von Irrtümern weiterzuarbeiten, da sich anderenfalls ein Problemberg ergeben könnte, der sich nicht mehr beseitigen und damit erst recht nicht ein Paradies erwarten lassen könnte.

Dies ist für Popper – zusammen mit dem vielfach erhobenen Anspruch auf Wissenschaftlichkeit – ein gemeinsamer Grund zur Wachsamkeit gegenüber religiöser oder politischer Verführung, und »der Kommunismus ist eine *Reli-*

gion (Herv. v. Vf.), die eine bessere Welt verspricht« (41), ohne die Folgen solcher Versprechen bedacht zu haben. Denn Zwecke, die in der Zukunft liegen, von der niemand wissen kann, wie sie aussehen wird, können niemals irgendwelche Mittel rechtfertigen – schon gar nicht gewaltsame.

Worin unterscheidet sich nun aber Poppers ›Suche nach einer besseren Welt‹ von der ›besseren Welt‹, die seiner Meinung nach der Kommunismus (als Opium für das Proletariat oder einfach als Religion) verspricht? Kann überhaupt von einer besseren Welt die Rede sein, wenn man von ihr keine klare Vorstellung hat? Für Popper steht jedenfalls fest, daß zwischen der Vermeidung von als solchen erkannten Irrtümern und dem Versprechen von einer als solcher unerkennbaren Utopie ein Unterschied besteht, den es bei aller Ähnlichkeit der verwendeten Worte (›bessere Welt‹) zu beachten gilt, zumal er selbst als junger Student mit einer beneidenswerten Begeisterungsfähigkeit nicht hinreichend sensibel für diesen Unterschied war. »Empört über mich selbst mußte ich zugeben, daß ich . . . nur eine abstrakte . . . Theorie recht unkritisch akzeptiert hatte« (41), bemerkt er in seinem ›entscheidenden‹ autobiographischen Kapitel, ohne daraus aber psychologisch-spekulativ auf eine Ursache für seine erkenntnistheoretische Betonung der Kritik schließen zu wollen. Er konstatiert nur: »Mit siebzehn Jahren war ich Anti-Marxist. Ich begriff den dogmatischen Charakter des Marxismus und seine unglaubliche intellektuelle Anmaßung« (42).

Damit ist der zentrale Kern von Poppers intellektueller Weltanschauung und liberaler Grundhaltung angesprochen, der ihn schon in früher Jugend bewegt und zur Beschäftigung mit Philosophie angeregt hat. Was es in erster Linie zu vermeiden gilt, ist jede die Freiheit, Toleranz und Individualität einschränkende ›intellektuelle Anmaßung‹, die Erkenntnis-Sicherheit vorgibt, ohne diesen Anspruch einlösen zu können. Und solange es von derartigen üppigen theoretischen Überschätzungen nur so wimmelt, braucht man nicht zu meinen, daß eines Tages die Arbeit an der Erhaltung von Bedingungen für eine bessere Welt wegfiele. So kann auch die Hoffnung auf Problemlösung ohne zu erwartende Folgeprobleme bestenfalls als Stimulans für die Forschung, nicht aber als zu erreichendes Ziel angesehen oder gar zum Prinzip erhoben werden.

Bescheidenheit anstelle von Anmaßung, Toleranz anstelle von Mittelheiligung unbekannten Zwecken zuliebe und Freiheit anstelle von ideologischer Unterjochung machen somit den Brennpunkt der Popperschen Überlegungen aus, um die sich seine politisch-moralischen und seine wissenschaftlich-theoretischen Bemühungen gruppieren. Kein Wunder also, daß sich Popper selbst am liebsten mit Sokrates vergleicht, den er in fast all seinen Schriften würdigend zitiert und dessen – wenn man so will: dialektische – Einsicht ihm mehr bedeutet als alles vermeintliche Wissen mitsamt dem damit verbundenen Sicherheitsanspruch. Die Grundformel seiner Erkenntnistheorie lautet kurz und prägnant: »*Wir wissen nicht, sondern wir raten*« (LdF, 223), als konsequente Verlängerung der sokratischen Bescheidenheit »ich weiß, daß ich nichts weiß«.

Mit solcher Betonung des logisch Negativen setzt sich Popper von allen utopischen Wunschvorstellungen einschließlich seiner ›positivistischen‹ Vorgänger ab (obwohl er nach wie vor von seinen Gegnern bevorzugt als ›Neopositivist‹ gesehen wird). Daß er bei dieser Hervorhebung der Kraft des Negativen – im Sinne von Negation; nicht in pejorativem Sinne – und bei seiner philosophisch ›skeptischen‹ Grundhaltung (›ich weiß, daß ich nichts weiß‹) dennoch im Lager der Rationalisten bleiben will, anstelle sich als Dialektiker zu bekennen, hängt mit seiner individuellen Auffassung von dialektischer Philosophie (die er ablehnt) und mit dem ›common sense‹ zusammen.

Rein formallogisch wäre es freilich ein Widerspruch in sich (eine ›contradictio in adiecto‹), was uns Sokrates als seine Weisheit überliefert hat. Denn wenn man etwas zu wissen vorgibt, von dem es im selben Satz heißt, daß es aus nichts (d. h. nicht aus ›etwas‹ oder aus nicht-etwas) besteht, dann wäre der Logiker rationalistischer Prägung im Recht, wenn er hier auf einen – logisch ungerechtfertigten – Selbstanwendungszirkel aufmerksam machen würde. Denkt man sich etwa einen Computer, dem dieser Satz als rationale Aussage eingespeist würde, so bekäme man einen klaren ›error‹ ausgedruckt, da die Aussage in sich nicht logisch einwandfrei bzw. nicht schlüssig ist.

$$\Lambda f\,(x) \longrightarrow f\,(\neg x) = W\,(\text{bzw. } f)$$

(Für alle Fälle von »x« gilt, daß alle Fälle von »x« nicht-»x« sind = Widerspruch bzw. falsch).

Hier geht es Popper jedoch nicht darum, einen Zirkelschluß zu vermeiden, sondern auf eine selten vorkommende (und an die äußerste Grenze der Bescheidenheit rührende, gleichsam deren Mittelpunkt ausmachende) Betonung aufmerksam zu machen, die er sich in seiner Erkenntnistheorie wie in seiner Lebenshaltung zu eigen zu machen versucht. Der sokratische Ausdruck ist eher wie ein ästhetischer Eindruck zu verstehen, der gar keine rationale Satzaussage bezweckt, womit kurzfristig – in besonders anschaulichen Situationen – das rationale Schema suspendiert werden darf, während es innerhalb einer streng diskursiven Argumentation nicht zulässig ist, mit Hilfe widersprüchlicher Argumente zu operieren.

Die Betonung, die in der sokratischen Formulierung zum Ausdruck kommt, ist die Hervorhebung des Nichtwissens (nicht des Nichts-Wissens) im Sinne der Bescheidenheit hinsichtlich der Sicherheit des eigenen Wissens. Sie unterstreicht den *hypothetischen Charakter aller Theorien* und die gleichzeitige Notwendigkeit ihrer sprachlichen Formulierung, die stückweise – durch Kritik – korrigiert werden können. Nichts zu sagen, um damit den Ausdruck des Nichtwissens zu unterstreichen, kann hierzu keine Alternative sein, sondern wäre vom (natürlich ebenfalls fernzuhaltenden) Nichts-Wissen durch nichts mehr zu unterscheiden.

Bei aller Erfordernis, seine individuelle Perspektive durch möglichst allgemeinverständliche Hypothesen zur Sprache zu bringen, ist es Popper wichtig zu wissen, daß damit nichts Endgültiges und nichts Sicheres – oder gar Absolutes – gewußt werden kann. Doch in diesem logisch Negativen sieht er auch keine Defizienz, die sich beklagen ließe, sondern einen großen Vorteil und die einzige Chance, Theorien untereinander zu vergleichen, ihre jeweiligen Fehler auszumerzen und kritische Korrekturen vorzunehmen.

Und von daher ist es auch leichter zu verstehen, wenn er sagt, daß seine »Begegnung mit dem Marxismus eines der wichtigsten Ereignisse meiner intellektuellen Entwicklung [war]. Sie lehrte mich Dinge, die ich nie vergessen habe; sie lehrte mich die Weisheit der sokratischen Bemerkung...; sie machte mich zu einem Fallibilisten, und sie lehrte mich, wie wichtig intellektuelle Bescheidenheit ist« (45). Der ›Fallibilismus‹ (Hans Albert), von dem hier die Rede ist, kann als Poppers wichtigste erkenntnistheoretische Erfindung angesehen werden, mit Hilfe derer alle Erkenntnis auf das Verfahren ›Versuch und Irrtum‹ zurückgeführt werden kann – »von der Amöbe bis zu Einstein« (70) –, wie Popper glaubt nachweisen zu können. Daß alle Theorien oder Gesetze – einschließlich der für unumstößlich gehaltenen Naturgesetze – ›fallibel‹ (d. h. potentiell als widerlegbar anzusehen) sind, ist die Leistung seiner modernen Theorie, die er schon deshalb auch auf die – z. B. politische – Praxis ausdehnen kann, da er die realistische Grundüberzeugung des ›common sense‹ teilt, derzufolge die Strukturen der Wirklichkeit approximativ erfaßbar sind, wenn auch unter dem ständig zu berücksichtigenden und vor Augen zu haltenden Umstand, daß zu keiner Zeit Sicherheit darüber zu erzielen ist, ob das Abbild Deckungsgleichheit mit seinem Urbild aufweist.

Der – positive – Wert des logisch Negativen (bzw. der Fallibilität) liegt nun darin, ein Kriterium zu besitzen für den »Gegensatz zwischen dem dogmatischen und dem kritischen Denken« (45). Das dogmatische (und damit dem Ideologieverdacht ausgesetzte, sich aufspreizende) Denken nimmt für sich in Anspruch, genau zu wissen, worüber es spricht, während das kritische Denken sich durch seinen stets hypothetisch bleibenden (und damit ideologiefreien) Charakter auszeichnet und darum weiß, daß dieser – nur prima facie unbefriedigend scheinende – Status nicht verlassen werden kann. »Wir wissen nicht, sondern wir raten« stellt jedoch nicht nur das Eingeständnis des unsicheren Wissens dar, sondern auch den Verzicht auf dogmatische Immunisierungsstrategien, die sich zum Zweck ihrer (notfalls mit Gewalt) besseren Durchsetzbarkeit gar nicht erst kritisieren lassen wollen.

Im Besitz des absoluten, untangierbaren Wissens zu sein ist somit das Gegenteil dessen, was Popper anstrebt. Ihm geht es um die Bescheidenheit, das eigene Wissen um alle Gesetzlichkeit – seien es Rechtsgesetze oder Naturgesetze – als hypothetisch ge-setzt zu einer bestimmten Zeit für eine bestimmte Zeit im Gedächtnis zu behalten, um damit einer Verabsolutierung nicht nur der eigenen Perspektive, sondern auch der gerade gültigen Theorien entgegenzuwirken.

Vier Semester nach Aufnahme des Studiums (ohne Reifeprüfung und damit ohne Immatrikulation) legte Popper das Externen-Abitur als Privatschüler ab und wurde so ordentlicher, immatrikulierter Universitätsstudent mit einem breitgefächerten Interesse an so unterschiedlichen Sachgebieten wie »Geschichte, Literatur, Psychologie, Philosophie und sogar . . . [an] Vorlesungen der Medizinischen Fakultät« (50). Diese Studien dienten freilich nicht dazu, in allen Fächern einen Abschluß zu erzielen, zumal er das Interesse an den meisten Disziplinen bald wieder verlor und sich von nun an vorwiegend mit Mathematik und theoretischer Physik beschäftigte. »Gleichzeitig begann ich, mich durch Kants ›Kritik der reinen Vernunft‹ und durch seine ›Prolegomena‹ hindurchzuarbeiten« (50).

Doch damit nicht genug: Während der Prüfungsvorbereitungen auf seine »zweite Matura« (51), nämlich die an der Lehrerbildungsanstalt (die dazu berechtigt, an Grundschulen zu unterrichten), erlernte er das Tischlerhandwerk, das er mit dem Gesellenbrief abschloß (als »cabinet-maker«⁵). Es sollte noch eine zusätzliche »Prüfung für den Unterricht für Mathematik, Physik und Chemie an Hauptschulen« (52) folgen, aber schon damals waren »keine Lehrstellen frei, und so wurde ich . . . als Tischlergeselle Erzieher in einem Hort der Gemeinde Wien für sozial gefährdete Kinder« (52).

Bei dieser Vielfalt an Ausbildungen und Erfahrungen wird man Popper nur schwer eine gewisse Kenntnis der sozialpolitischen Realität absprechen können, von der aus er seine erkenntnistheoretischen Interessen weiter vertiefen konnte. »Besonders interessierte mich die Idee, daß das dogmatische Denken, das ich als vorwissenschaftlich betrachtete, eine notwendige Vorstufe sei, die das kritische Denken erst ermöglichte. Kritisches Denken muß ein Objekt haben, das es kritisieren kann, und dieses Objekt, so glaubte ich, muß das Ergebnis des dogmatischen Denkens sein« (52).

Bei solchen frühen Reflexionen wird man Popper auch Glauben schenken dürfen, daß er bereits als Siebzehnjähriger mit Problemen umging, an die sich mancher Erwachsene zeit seines Lebens nicht heranwagen würde: »Meine zentrale Idee im Jahre 1919 war die folgende. Wenn jemand eine wissenschaftliche Theorie aufstellt, dann soll er, wie Einstein, die Frage beantworten: ›Unter welchen Bedingungen würde ich zugeben, daß meine Theorie falsch ist?‹« (53). Also, im Sinne Poppers: Was würde als akzeptabler Umstand genügen, die eigene Überzeugung bezüglich eines bestimmten Problems, die bis dahin als hinreichend bewährt angesehen werden konnte, aufzugeben und fallenzulassen? Und weiter, was ist (oder was bleibt übrig), wenn eine bislang erhaltungswürdige Theorie sich nach ihrer logisch-kritischen Überprüfung als nicht mehr tragfähig erweist, weil zu viele ihrer Implikationen als fehlerhaft nachgewiesen werden konnten?

Alle diese Fragen berühren bereits die zentralen Aspekte von Poppers ›Logik der Forschung‹, denen im nächsten Kapitel nachgegangen werden soll. Hier erscheint uns wichtig, darauf hinzuweisen, daß sich für Popper aus der Suche nach möglichen Antworten kein Agnostizismus oder eine pessimistische Lösung ergibt, sondern das Gegenteil: Popper spricht expressis verbis von einer »Annäherung an die Wahrheit« (220), wenn eine Theorie unter Beseitigung ihrer fehlerhaften Implikationen durch eine bessere ersetzt werden kann. Damit redet er keiner pessimistischen Situation das Wort, die man bei Verzicht auf (dogmatische) Absicherung zunächst zu erwarten scheint, sondern macht die ›positive‹ und optimistisch stimmende Gestalt der Negation deutlich, die den Problemberg abzubauen hilft.

Obwohl Popper bereits während seiner Studentenzeit über diese neue Lage der Erkenntnistheorie nachdachte und dabei vielversprechende Perspektiven im Blick hatte, ging sein Lebensweg keineswegs gradlinig zum Philosophieprofessor weiter, sondern wartete mit zahlreichen ›Zwischenfällen‹ und alternativen Überlegungen (seinen Fortgang betreffend) auf. So ließ ihn seine Begeisterung für Musik eine Zeitlang – vom Herbst 1920 bis etwa 1922 – ernsthaft daran denken, Musiker zu werden. »Aber wie bei so vielen anderen Dingen – der Mathematik, der Physik, der Tischlerei – kam ich zu dem Schluß, daß ich nicht hinreichend begabt war« (72). Auch wenn er sich damit nicht indirekt zur erforderlichen Begabung für eine Professur in Philosophie äußert, an die zu dieser Phase seiner Entwicklung noch nicht gedacht war, gibt es doch den Blick darauf frei, daß alles auch hätte anders verlaufen können, zumal er aufgrund einer Fuge, die er geschrieben hatte, ins Wiener Konservatorium aufgenommen wurde. Andererseits kam er jedoch auch bei der Musik nicht ganz vom Philosophieren los, denn für ihn ist »ein großes musikalisches Werk (wie eine große wissenschaftliche Theorie) in der Tat ein dem Chaos aufgezwungener Kosmos, unausschöpfbar in allen seinen Spannungen und Harmonien selbst für seinen Urheber« (78 f.).

Zu dieser Erkenntnis gelangte Popper in einer Zeit, in der er »wieder und wieder Kants erste Kritik las. Ich kam bald zu dem Schluß, daß der Mittelpunkt seiner Lehre ist, daß die wissenschaftlichen Theorien von uns selbst erfunden werden und daß wir sie der Welt aufzuzwingen versuchen: ›Der Verstand schöpft seine Gesetze . . . nicht aus der Natur, sondern er schreibt sie dieser vor‹« (79). Mit dieser Erinnerung an Kants Transzendentalphilosophie – wie er sie vorwiegend aus dessen ›Kritik der reinen Vernunft‹[6] her kennt – brachte er die Musik mit seinen erkenntnistheoretischen Interessen zusammen, zugunsten derer er seine musikalischen Neigungen aus dem Bereich des Professionellen zurückzog.

Also blieb er Sozialarbeiter und wechselte 1925 in das von der Stadt Wien neugegründete Pädagogische Institut über. »In persönlicher und geistiger Hinsicht waren die Jahre am Institut für mich höchst bedeutsam, weil ich dort meine Frau kennenlernte. Sie war eine meiner Kolleginnen . . .« (100). Bis zu ihrem Tod im Herbst 1985 blieb sie ihm eine beständig ermunternde und anregende Unterstützung bei seinen wissenschaftlichen Arbeiten sowie eine treue Begleiterin seiner Stationen (von Wien über Neuseeland bis London).

Im Jahre 1928 – also im Alter von 26 – legte Popper seine Dissertation ›Zur Methodenfrage der Denkpsychologie‹ vor. Rückblickend nennt er diese Arbeit – die nie veröffentlicht wurde – »eine flüchtige, in letzter Minute abgeschlossene Angelegenheit«, mit der er sich »endgültig von der Psychologie abwandte« (106), obwohl sie das Ergebnis jahrelanger Arbeit über die psychologische Methodologie war. Dazu kamen seine beiden ›Rigorosen‹, das eine in Musikgeschichte, das andere in Philosophie und Psychologie, bei denen er sich an »ein schlechtes Gefühl« erinnert (106), bevor er sein Kapitel über die ›Studienjahre‹ in geübter Bescheidenheit abschließt: »Ich konnte kaum meinen Ohren trauen, als man mir sagte, daß ich beide Prüfungen mit der besten Note bestanden hätte: ›Einstimmig mit Auszeichnung‹. Ich war natürlich erleichtert und glücklich, aber es hat eine ganze Weile gedauert, bis ich über das Gefühl hinwegkam, daß ich eigentlich hätte durchfallen sollen« (107).

Ein Jahr nach seiner Promotion zum Doktor der Philosophie erwarb Popper »die Befähigung zum Lehramt in Mathematik und Physik an Hauptschulen« (108). In seiner Freizeit hingegen ging er nach wie vor seinem Interesse an wissenschafts- und erkenntnistheoretischen Fragen nach. Seine Jugendideen blieben hellwach und erfuhren weitere Vertiefung bezüglich der Denkbarkeit von Wissenswachstum, von Fortschritt also und von logischen Konsequenzen aus seinem ›Fallibilismus‹. So reifte in ihm ein Werk heran, von dem noch niemand absehen konnte, daß es einmal solch gewaltige Furore in der Wissenschaft machen würde. In einem vorerst noch vagen Sinn nahm Popper »eine Konkurrenz zwischen den Theorien – eine Art von Darwinschem Kampf ums Dasein« an (109), aus dem recht optimistische Erwartungen in zweierlei Hinsicht hervorgehen können. Zum einen sind Theorien keine Lebewesen (wenn es auch Theorien von Menschen sind), und zum anderen bedeutet der ›Tod‹ einer Theorie nicht etwa den allmählichen Untergang der Wissenschaft (durch theoretisches Ausbluten). Im Gegenteil, der erste Aspekt erlaubt einen Kampf ohne menschliche Opfer, der zweite Punkt führt nach Popper im Anschluß an die Aufopferung falscher Theorien (d. h. durch ›Falsifikation‹) immer näher an die Wahrheit heran, die sich jedoch ihrerseits niemals mit Sicherheit als endgültig bewährt ausweisen läßt.

»Diese Überlegung führte zu einer Erkenntnistheorie, derzufolge der wissenschaftliche Fortschritt nicht darin bestand, Beobachtungen anzuhäufen, sondern darin, weniger gute Theorien zu stürzen und durch bessere zu ersetzen, insbesondere durch Theorien von größerem Gehalt« (109). Denn mit der bloßen Anhäufung von Beobachtungen lassen sich nur endlich viele empirische Daten zusammentragen, klassifizieren – als Fälle von derselben Art – und gegebenenfalls archivieren, aber damit kommt man nach Popper nicht weiter, da aus einer beliebig herausgegriffenen Anzahl von gleichartigen Beobachtungen (und seien sie auch noch so häufig wiederholt) nur mittels Induktion auf die allgemeine Gesetzlichkeit geschlossen werden kann, was jedoch keinen logisch vertretbaren Schluß ausmacht. Beispiele sind ›die weißen Schwäne‹ oder ›die schwarzen Raben‹, auf die wir im nächsten Kapitel zurückkommen werden.

Im Kern lautet Poppers Erinnerung an David Humes Induktionsproblem also, daß aus noch so vielen beobachteten Einzelfällen nicht auf deren gesetzesmäßige Allgemeinheit geschlossen werden kann, da eine einzige Irregularität – die der bisherigen Beobachtung entgangen sein könnte – das gesamte Gesetz zum Einsturz bringen würde.

So konnte etwa bezüglich der Farbe von Schwänen die ›allgemein‹gültige Theorie nur so lange aufrechterhalten werden, als man unter Hinweis auf seine bekannten Daten nur weiße Schwäne gesehen und unter dieser Rubrik klassifiziert hat. Ein einziger schwarzer Schwan (der in Australien entdeckt wurde) war hingegen Anlaß dazu, die Aussage ›alle Schwäne sind weiß‹ fallenzulassen. Mit anderen Worten: Die empirische Gesetzlichkeit, die sich einer Universalisierung singulärer Fakten verdankt, war im Grunde auch dann nicht allgemeingültig, als der schwarze Schwan noch nicht entdeckt worden war. Die zuvor behauptete Theorie war nichts anderes als eine Anmaßung, für die es nach Popper nur ein Rezept geben kann, nämlich ihre Vermeidung. Und dieses Rezept gilt nicht nur in bezug auf politische Aussagen, sondern auch bezüglich aller anderen Theorien.

Wie also Popper die marxistische Doktrin von der historischen Notwendigkeit, die über Klassenkampf und Einebnung individueller Differenzen zum Paradies auf Erden emporzudringen vorgibt, für eine politisch unkritische Anmaßung hält und deshalb zurückweist, so kritisiert er auch andere theoretische Konzepte, die einer Selbstüberschätzung unterliegen. Als Gemeinsamkeit solcher – logisch unhaltbarer – Übertreibungen hebt Popper deren Vorstellung einer präzise prognostizierbaren Verallgemeinerung hervor, die sich in einem Fall auf die Behauptung historischer Gesetzlichkeit und im anderen auf das Postulat generalisierbarer Singularbeobachtungen stützt. Beides ist von induktivem Glauben, nicht aber von logisch zulässiger Rationalität gekennzeichnet, weshalb solche pseudowissenschaftlichen Vorgehensweisen eines Abgrenzungskriteriums (von rationaler Methode) bedürfen, das in eins damit alle Induktion überflüssig macht und dennoch seinerseits einen Allgemeinheitsstatus aufweist, der sich ohne jegliche Standpunktanmaßung und ohne dogmatische Aufspreizung vertreten läßt.

Mit diesem erkenntnistheoretischen Problem war Popper beschäftigt, bevor in Wien philosophisch interessierte Mathematiker und Naturwissenschaftler jeden Donnerstag zu einem Privatseminar zusammenkamen, das bald als Wiener Kreis bekannt wurde und stark von den Gedanken Ludwig Wittgensteins beeinflußt war. Auch dieser Gelehrtenzirkel versuchte, ein Abgrenzungsproblem zu lösen, um sinnvolle Wissenschaft von metaphysisch unsinnigen Spekulationen freizuhalten. »Als ein solches Kriterium hatte der Kreis die Verifizierbarkeit angenommen, unter der sie« – Popper meint hier natürlich die Vertreter dieses Wiener Kreises – »dasselbe verstanden wie Beweisbarkeit durch Beobachtungssätze« (110).

Was immer an ›positiven‹ Beobachtungen formulierbar ist, muß nach Ansicht des Wiener Kreises definitiv beweisbar und damit ›verifizierbar‹ sein, während alle hierzu nicht fähigen Aussagesätze als sinnlos, metaphysisch und unwissenschaftlich zu gelten haben. Diesen Vorschlag konnte Popper allerdings nicht akzeptieren, da er mit seinen kritisch rationalen Überlegungen bereits dazu gekommen war, daß auf ›positivem‹ Wege alle Bemühungen um ein nicht seinerseits als dogmatisch entlarvbares Abgrenzungskriterium vergeblich sein müssen. Deshalb erkannte er in der Verifizierbarkeit auch »nur eine andere Formulierung des altehrwürdigen Kriteriums der Induktivisten: Es gab keinen wirklichen Unterschied zwischen der Idee der Induktion und der der Verifikation« (110).

Während also der Wiener Kreis noch damit beschäftigt war, ein Abgrenzungskriterium zwischen sinnvollen (verifizierbaren) und metaphysischen (sinnlosen) Satzaussagen auszuarbeiten, gab Popper seine Anstrengungen nicht auf, diesem seiner Ansicht nach unfruchtbaren Bemühen einer nach wie vor induktiv vorgehenden Verifikationsmethode einen Gegenvorschlag entgegenzusetzen, der zu seiner Zeit als revolutionär gelten mußte. Neben seiner intensiven Lektüre der Werke von Rudolf Carnap und Ludwig Wittgenstein schrieb er »(ohne etwas zu veröffentlichen) eine ganze Menge über diese Fragen« (111) und fand sich dabei mehr und mehr darin bestätigt, daß ein völlig anderer Weg (als der der Tradition) eingeschlagen werden müßte.

Dieser Weg bestand für ihn darin, alle wissenschaftlichen Theorien als bloße Hypothesen anzusehen, als Vermutungswissen oder Ratemodelle, die sich niemals positiv auszeichnen, garantieren oder gar ›verifizieren‹ lassen. Nichts sollte sich also endgültig beweisen, ausdiskutieren oder definitiv fest-schreiben lassen, wie es etwa der damalige Positivismus (des Wiener Kreises) angestrebt hatte.

Damit rüttelte Popper an den Grundfesten der Wissenschaftlichkeit und entzog jeder Vorstellung von einem ›fundamentum in re‹ bzw. von einem ›archimedischen Punkt‹ die sichere Grundlage. Wie einst Kopernikus mit seiner Umkehr der Denkart eine wissenschaftliche Revolution auslöste, indem er dem geozentrischen Weltbild sein heliozentrisches entgegensetzte, wie Kant mit seiner Transzendentalphilosophie sowohl die Schwierigkeiten des reinen Rationalismus als auch die Aporien des reinen Empirismus durch seinen Apriorismus behob (»Gedanken ohne Inhalt sind leer, Anschauungen ohne Begriffe sind blind«[7]), so war es nun Popper, der mit seinen radikal anderen Hypothesen zur wissenschaftlichen Vorgehensweise eine Art ›Kopernikanische Wende‹ in der Erkenntnistheorie vollzog.

Die zuvor lediglich als vage Vorstufen zu klar beweisbaren Theorien angesehenen Hypothesen werden von ihm als das einzige Fundament akzeptiert, das aber zu keiner Zeit Sicherheit für sich in Anspruch nehmen kann. Die Wissenschaft – insbesondere die ›strenge‹ Naturwissenschaft – hat es immer nur mit Vermutungen oder ›Konjekturen‹[8] zu tun, sofern sie in Kontakt mit der Wirklichkeit zu treten und darüber etwas auszusagen versucht. Diese Konjekturen oder Mutmaßungen können jedoch Popper zufolge jederzeit überprüft und auf ihre logische Konsistenz und Haltbarkeit hin untersucht werden, weshalb sie zwar einerseits die altehrwürdige Sicherheitsvorstellung einbüßen, aber andererseits auch vor überspannten und hypertrophen Anmaßungen zu schützen vermögen.

Auf eine kurze, kontrastive Zusammenfassung gebracht, steht Poppers Modell in folgenden Punkten diametral der Tradition und deren Epistemologie entgegen: *Mutmaßung statt Anmaßung, Deduktion anstelle von Induktion und Falsifikation statt Verifikation.* Mit einem Wort, was Popper hier anbietet, ist mitnichten eine bloß marginale Variante zu vorangegangenen Spekulationen über die wissenschaftlichen Verfahren, sondern eine radikale Wende (oder ›Revolution‹) im Denken, das genau dort einen Umsturz erfährt, wo es sich zuvor mit beweisbarer Orientierungsstabilität versorgen wollte.

Dem klassischen Diktum ›hypotheses non fingo‹ (ich erdichte keine Hypothesen [Newton]) steht nun das klare Bekenntnis gegenüber, demzufolge uns gar nichts anderes übrigbleibt, als zu dichten und Hypothesen zu bilden. Wie Einstein die lange Zeit für unerschütterlich gehaltene Kosmologie Newtons durch Relativierung verändern konnte, so hat Popper dem bis zu diesem Zeitpunkt von seinen Zeitgenossen des Wiener Kreises als gültig angesehenen Verfahren der verifizierenden Induktion einen Riegel vorgeschoben, wobei er sich genau der von ihm unterstrichenen Macht des Negativen bediente. Das Diktum ›hypotheses non fingo‹ ist zu negieren, und dem Newtonschen Satz ist damit – durch doppelte Negation – das Bekenntnis abzulesen, daß keine Alternative zum Vermutungswissen bereitsteht: ›hypotheses fingo‹, lautet das neue Fanal der modernen Erkenntnistheorie, das Popper auch mit ›wir wissen nicht, sondern wir raten‹ übersetzt wiedergibt.

»Der entscheidende Punkt bei all dem, der hypothetische Charakter sämtlicher wissenschaftlicher Theorien, war meiner Ansicht nach eine recht unmittelbare Konsequenz der Einsteinschen Revolution, die gezeigt hatte, daß nicht einmal die mit dem allergrößten Erfolg überprüfte Theorie

– die Newtonsche Theorie – mehr war als eine Hypothese«
(112). Damit ist allen eine Absage erteilt, die sich um eine
Garantie wissenschaftlicher Aussagen bemühen. Eine Dek-
kungsgleichheit mit der Wahrheit ist illusorisch. Es gelingt
uns zwar eine Annäherung an die Wahrheit, aber – schon
der potentiell unendlichen Folgeprobleme wegen – ist es
bestenfalls ein Standpunkt des Glaubens, diesen Weg an
irgendeiner Stelle abzubrechen und sich damit dem end-
losen Diskurs (›unended quest‹) zu entziehen.

Mit diesen (auf das nächste Kapitel vorgreifenden) Überlegungen fand Popper nach einigem Zögern bei einzelnen
Vertretern des Wiener Kreises Gehör, wurde aber nie dazu
eingeladen, an dem Zirkel teilzunehmen und dort seine Gedanken vorzustellen. Der erste, dem Popper sein Falsifika-
tionsmodell und die damit verbundene Kritik am Wiener
Kreis plausibel machen konnte, war Victor Kraft (ein öster-
reichischer Philosoph und Autor des späteren Buches ›Der
Wiener Kreis‹), der allerdings »schockiert war, als ich vor-
aussagte, daß die Philosophie des Kreises sich zu einer neu-
en Form des Scholastizismus und der Wortklauberei entwickeln werde« (112).

Über Vermittlung seines Onkels Walter Schiff, Professor
für Statistik und Nationalökonomie an der Wiener Universität, wurde Popper mit einem weiteren Mitglied des Wiener Kreises, mit Herbert Feigl, bekannt gemacht. Diese Begegnung fand Ende der zwanziger Jahre statt, als Popper
gerade seine erste Stelle als Hauptschullehrer angeboten bekommen hatte. Eine ganze Nacht hindurch diskutierten die
beiden, und Feigl erwies sich nicht nur als toleranter Zuhö-
rer, sondern – was noch wichtiger war – als interessierter
Förderer, der Popper dazu ermutigte, seine Gedanken zu
publizieren. »Herbert Feigl sagte mir während unserer Un-
terredung ... nicht nur, daß er meine Ideen für wichtig, ja
geradezu für revolutionär halte, sondern auch, daß ich sie in
Buchform veröffentlichen sollte« (113).

Auch wenn es dann noch zu zahlreichen Verzögerungen (und Meinungsverschiedenheiten mit dem Verlag) kam, so war es doch der Begegnung und Auseinandersetzung mit dem Wiener Kreis – namentlich mit Feigl – zu verdanken, daß Popper seine Ansätze zu einer modernen Erkenntnistheorie der Öffentlichkeit vorzustellen beschloß. Und wie er damals als Siebzehnjähriger seine Begegnung mit dem Marxismus als einen biographischen Höhepunkt erlebt hatte, so war nun – zehn Jahre später – die Konfrontation mit der Wiener Geisteselite (u. a. der Physiker Mach gehörte zu den Begründern des Zirkels) ebenfalls »für mein ganzes Leben entscheidend« (113).

Der siebenundzwanzigjährige Lehrer an einer Wiener Hauptschule, der mit so zahlreichen Interessen sowie der immer stärker werdenden Vermutung einer erkenntnistheoretischen Innovation aufwarten konnte, hielt sich damals schon »für einen unorthodoxen Kantianer und Realisten« (113). Denn zum einen übernahm er von seinem philosophischen Vorbild Kant die Einsicht von der aktiven Erkenntniskonstitution, die dem passiven Bild einer bloß rezeptiven Aufnahme der Gegenstände entgegengesetzt war, und zum anderen war er der realistischen Überzeugung, daß »eine Falsifikation einen Zusammenstoß mit der Wirklichkeit bedeuten kann« (113).

Popper ersetzte somit die Kantsche Lehre von der Unerkennbarkeit des ›Dinges an sich‹ und der damit verbleibenden Erkenntnis von anschaulich gegebenem Material der Sinnlichkeit (bzw. Erscheinung) durch seine Lehre vom unabdingbar hypothetisch bleibenden Charakter aller Theorien, womit er eine Kritik an Kants Apriorismus versucht, die sich jedoch zumindest weitgehend mit dem deckt, was bei Kant unter dem Terminus »empirischer Begriff«[9] behandelt wird (und ebenfalls keine apriorische Wahrheit versichert).

Jedenfalls sah Popper sich nun, durch Feigls Ermutigung,

ohne die er »wahrscheinlich nie ein Buch geschrieben hätte« (114), dazu angeregt, seine Gedanken ausführlich darzulegen. In Anlehnung an Schopenhauers ›Die beiden Grundprobleme der Ethik‹ wollte er unter dem Titel ›Die beiden Grundprobleme der Erkenntnistheorie‹ den Schwerpunkt auf die sich gegenseitig ergänzenden Bereiche Induktion und Abgrenzung legen; die Abhandlung sollte über die Methode der Wissenschaft sowie über Poppers Erkenntnistheorie Auskunft geben. Da der Verleger auf dem vereinbarten Umfang von fünfzehn Bogen (= 240 Druckseiten) beharrte, sah sich Popper schließlich zu einer so starken Kürzung gezwungen, daß von dem ursprünglich geplanten Manuskript nur noch ein Exzerpt übrigblieb. Dieses erschien dann 1934 als ›Logik der Forschung‹ (vgl. Kapitel 2) und ist in nuce eine Kritik des Positivismus, wie er von seiten des Wiener Kreises vertreten wurde.

Von daher wird auch die Kapitelüberschrift in Poppers Autobiographie – ›17. Der logische Positivismus ist tot: Wer ist der Täter?‹ (120) – verständlich, die sich im englischen Original noch drastischer ausnimmt: ›Who Killed Logical Positivism?‹ Die Frage ist natürlich rein rhetorisch, da Popper gesteht: »Ich fürchte, daß ich mich als Täter bekennen muß« (121) bzw. »I fear that I must admit responsibility« (Unended Quest, 88), obwohl er kurz darauf abschwächt und betont, er habe seine ›Logik der Forschung‹ vorwiegend in der Hoffnung geschrieben, seine »positivistischen Freunde und Gegner herauszufordern«, worin er »nicht ganz erfolglos« (123) gewesen sei.

Diese erste Buchpublikation – der allerdings verschiedene Aufsatzveröffentlichungen in philosophischen und naturwissenschaftlichen Zeitschriften vorangegangen waren – wurde ein gewaltiger Erfolg. Mit einem Schlag war Popper weit über Wien hinaus bekannt. Daß er selbst lieber von einem »überraschenden Erfolg« (151) spricht, klingt bei der Bedeutung des Projekts ein wenig zu bescheiden, hängt aber damit zusammen, daß Popper grundsätzlich eher zur Tiefstapelei als zur anmaßenden Selbstüberschätzung neigt.

Aus verschiedenen Ländern Europas kamen als Echo auf Poppers ›Kopernikanische Wende‹ in der Erkenntnistheorie zahlreiche Einladungen zu Vorträgen, die ihn u. a. nach London, Cambridge und Oxford führten, wo er damalige Größen der Wissenschaft – wie etwa Woodger, Moore, Ayer, Hayek, Gombrich und Schrödinger – persönlich kennenlernte. Zu diesen Begegnungen kam es bereits ein Jahr nach Erscheinen der ›Logik der Forschung‹, weshalb es sicherlich keine Übertreibung ist zu sagen, daß der damalige Hauptschullehrer und Kunsttischlergeselle mit seinem Erstlingswerk sozusagen über Nacht berühmt geworden war.

Ein weiteres Jahr später (1936) wurde Popper erneut nach England – zur Teilnahme an einer Sitzung der ›Aristotelian Society‹ – eingeladen. Dabei traf er auch Bertrand Russell, den er »für den größten Philosophen seit Kant« (153) hält.

Auf Anregung Joseph Henry Woodgers bewarb sich der neue Stern am Himmel der Erkenntnistheorie um eine ausgeschriebene Stelle eines Dozenten (›Lecturer‹) für Philosophie am Canterbury University College in Christchurch, Neuseeland. Damit bot sich ihm gleich zweierlei an: zum einen die Emigration aus dem von Hitlers Faschismus bedrohten Europa und zum anderen die Möglichkeit, vom Hauptschul- zum Hochschullehrer aufzusteigen. Bevor er im Juli 1936 nach Wien zurückkehrte, nahm Popper an einem Kongreß für wissenschaftliche Philosophie in Kopenhagen teil, wo er Niels Bohr einen Besuch abstattete. »Von Bohrs Freundlichkeit, Enthusiasmus und von seinem sprühenden Geist nahm ich einen überwältigenden Eindruck mit« (129), gesteht er in seiner Autobiographie.

Am Weihnachtsabend 1936 erhielt er ein Telegramm mit der Bestätigung seiner Bewerbung und dem Angebot einer Dozentur in Neuseeland, worauf er und seine Frau sofort ihre Stellen als Lehrer in Wien aufgaben. »Schon im Jänner 1937« (155) begab sich das Ehepaar Popper nach London, um sich dort einzuschiffen. »Die Seereise dauerte fünf Wochen, und wir kamen in den ersten Märztagen des Jahres 1937 in Christchurch an, gerade zu Beginn des akademischen Jahres in Neuseeland« (155 f.). Dies war ziemlich genau ein Jahr vor dem ›Anschluß‹ Österreichs, der bekanntlich am 13. März 1938 vollzogen und ratifiziert wurde.

In Neuseeland war man von den Vorgängen in Europa schon deshalb wenig beeindruckt, weil die Information darüber selbst unter Hochschullehrern (»ihre Wünsche beeinflußten ihr Denken«; 157) äußerst dürftig war. Popper hingegen bedauerte es sehr, vom europäischen Kontinent abgeschnitten zu sein, zumal keine Flugverbindung bestand und somit die Antwort auf einen Brief nicht vor einem Vierteljahr zu erwarten war. Sozusagen ›im Schatten des Krieges‹ beschloß Popper, die Ideen seiner ›Logik der Forschung‹ auch auf die Sozialwissenschaften anzuwenden, was politische Bedeutung für ihn hatte, indem er Faschismus und Marxismus gleichermaßen seiner Kritik zu unterziehen gedachte.

Schon während seines Aufenthalts in London hatte Popper einen Vortrag über das Thema ›Zum Elend des Historizismus‹ gehalten, den er nach Vertiefung und Ergänzung in Buchform veröffentlichen wollte. Die immer größer werdende Fülle an Material legte es jedoch nahe, zwei einander ergänzende Arbeiten daraus zu machen, die er – seiner neuen Umgebung entsprechend – in englischer Sprache schrieb. »›The Poverty of Historicism‹ . . . ist, wie ich glaube, eine der schwerfälligsten unter meinen englischen Schriften«, bekennt er in seiner Autobiographie (161).

In den letzten beiden Kriegsjahren erschien dann zuerst dieses Werk (deutsch 1965: ›Das Elend des Historizismus‹) und danach ›The Open Society and Its Enemies‹ (deutsch 1957: ›Die offene Gesellschaft und ihre Feinde‹) als Poppers

»Versuche, einen Beitrag zum Krieg zu leisten … als eine Verteidigung der Freiheit … – eine Verteidigung gegen totalitäre und autoritäre Ideen – und als eine Warnung vor den Gefahren des historizistischen Aberglaubens« (163).

Wie rein erkenntnistheoretisch aller Fortschritt nach Popper nur über Fehlschritte (via falsificationis) zu erreichen ist, so läßt sich dieses kritische Verfahren auch auf die ›Praxis‹ übertragen, indem man sich einfach vor Augen hält, daß »man ›Vernunft‹ oder ›Vernünftigkeit‹ am besten als Offenheit für Kritik interpretieren kann – als Bereitschaft, sich kritisieren zu lassen, und als den Wunsch, sich selbst zu kritisieren« (164). Wie schwer jedoch diese Bereitschaft einzunehmen ist, zeigte sich Popper während der Jahre des Zweiten Weltkriegs, als zahlreiche Menschen anstelle von totalitären Ideen sterben mußten. Um so wichtiger erschien ihm die Umkehr des Gedankens: Wie theoretische Vorstellungen praktisch in Opfer fordernden Wahnsinn umschlagen können, so müßte auch theoretische Kritik (sofern sie nicht elfenbeintürmern zugemauert bleibt) dazu in der Lage sein, die Umsetzung von Wahnsinn in mörderische Wirklichkeit zu verhindern. »Die Forderung, die kritische Einstellung auf so viele Gebiete wie möglich auszudehnen, schlug ich vor, als ›kritischen Rationalismus‹ zu bezeichnen« (164), womit eine einheitliche Methode der Vernünftigkeit gemeint ist.

Und zu dieser Einsicht in die einheitlich zu bewahrende Vernunft gehört es auch, sich von der Vorstellung einer vollkommenen Gesellschaft (in der es keine Probleme mehr zu lösen gäbe) zu verabschieden zugunsten des Begreifens um die notwendig un-vollkommen bleibende – oder: ›offene‹ – Gesellschaft, die offenbleiben *muß*, damit sie korrigierbar (und den jeweiligen Ansprüchen der veränderlichen Zeit entsprechend) bzw. veränderbar bleiben *kann*. Eine demgegenüber ›geschlossene‹ Gesellschaft hingegen wäre das Paradebeispiel für dogmatisch-ideologischen Totalitarismus.

»Eine menschliche Gesellschaft ohne Konflikte kann es nicht geben: Eine solche Gesellschaft wäre nicht etwa eine Gesellschaft von Freunden, sondern eher von Ameisen« (164). Damit verstärkt Popper einerseits das Plädoyer für seine offene (weil stets fallibel und potentiell kritisierbar gedachte) Methodologie, und andererseits zeigt er die große Chance der theoretischen Idee auf, nicht alle Fehler erst begehen zu müssen, um aus ihnen lernen zu können. Das freie Entwerfen von Theorien bzw. Hypothesen ist folglich nicht nur auf den akademischen Betrieb der Wissenschaft begrenzt, sondern auch politisch von Nutzen, wenn es ganz unmittelbar darum geht, anmaßende Mutmaßungen anstelle von deren Anhängern oder menschlichen Opfern sterben zu lassen.

Diese Beiträge zu einer offenen und humanen, freien und toleranten Gesellschaft leistete Popper während der schrecklichsten Zeiten unseres Jahrhunderts, als Intoleranz, Dogmatismus und freiheitsvernichtende Inhumanität auf brutalste Weise gegen alle Vernunft verstießen.

Nicht zuletzt aufgrund seiner in Neuseeland verfaßten Bücher erhielt Popper im Jahre 1945 ein Telegramm aus England, in dem ihm eine Professur (Readership) an der London School of Economics (LSE) angeboten wurde. »Von diesem Augenblick an konnte ich es kaum erwarten, Neuseeland zu verlassen« (172). Vor allem litt Popper unter bürokratischen Reglementierungen, die schon fast einem Publikationsverbot gleichkamen (vgl. 169).

Anfang Januar hat Popper seine Professur in London angenommen, wo ihm zwar die Arbeit an der Universität gefiel, nicht jedoch deren großstädtische Umgebung. »Weder meine Frau noch ich lebten gern in London; seit wir aber im Jahre 1950 nach Penn in Buckinghamshire gezogen sind, bin ich, so vermute ich, der glücklichste Philosoph, der mir je begegnet ist« (180).

2. KAPITEL

Fortschritt über Fehlschritte

(LOGIK DER FORSCHUNG;
DIE BEIDEN GRUNDPROBLEME DER ERKENNTNISTHEORIE)

Wer glaubt, mit einer Aussage über die Wirklichkeit könne unter Berufung auf die Erfahrung ein allgemeingültiger Satz formuliert werden, befindet sich schon deshalb im Irrtum, weil er vorgibt, mehr zu wissen, als er weiß: Da mag sich seine Aussage auf noch so viele Beobachtungen, empirische Daten oder andere Fakten beziehen, die den Schluß nahelegen, ab einer bestimmten Beobachtungsmenge und von der Basis einer sehr großen Erfahrungsquantität aus ließe sich eine Aufrundung der (evtl. auch von anderen geteilten) ermittelten Tatsachen auf deren allgemeine Gültigkeit vornehmen; da mag die Gewißheit noch so groß erscheinen; da mag es noch so plausibel sein, nun mit der Beobachtung aufzuhören und eine gültige Allgemeinaussage darüber zu treffen – die Versuchung wäre zu groß, ganz sicher sein zu dürfen, und stets würde die Verallgemeinerung und Pauschalierung zu früh erfolgen. Kurzum, man würde beanspruchen, mehr zu wissen als einzulösen möglich wäre.

Selbst ganz ›klare‹ Sachverhalte und durchschaubare Abläufe – wie etwa der tägliche Sonnenaufgang – könnten in diesem Zusammenhang genannt und als plausibel genug für die Annahme einer ewigen Wiederkehr erachtet und (deshalb) verallgemeinert werden. Die logische Sachlage bleibt nach wie vor dieselbe, da es grundsätzlich nicht von einer beliebigen Anzahl von Aufzählungen abhängen kann, wann eine All-Aussage für die gezählten Singularitäten erlaubt ist. Dies leuchtet ohne größere Komplikationen ein, wo man schon weiß, wie viele Einzelteile das Ensemble bei genauer Zählung ausmachen, wo also von vornherein bereits feststeht, daß eine endliche Menge von endlichen Partikeln gebildet wird. Ein Sack mit 1000 roten Murmeln etwa erlaubt das schrittweise Vorgehen nach dem Schema ›Murmel 1: rot, Murmel 2: rot, Murmel 3: rot, ... Murmel 1000: rot‹, bis die berechtigte Allgemeinaussage bezüglich des Sackinhalts lauten kann, daß alle Murmeln darin rot sind. Über andere Murmeln in anderen Säcken ist damit nichts gesagt, da sich die Verallgemeinerung auf eine endliche Menge bezieht und somit nicht mehr zu wissen (als tatsächlich geprüft wurde) behauptet wird. Bei geschlossenen Universen – als welches man exemplarisch auch einen Sack mit endlichem und abzählbarem Inhalt ansehen könnte – besteht mithin keine Gefahr des induktiven Verifikations-Fehlschlusses, wie auch eine geschlossene Semantik mit gegenseitiger (abgeschlossener) Definition nicht mehr Zusatzbehauptungen einräumt als definitiv beschlossen.

Die mathematischen Definitionen der Arithmetik und der Geometrie etwa sind solche technischen Festlegungen, die ihre Gültigkeit unabhängig von einer Erfahrungsquantität besitzen und somit auch nicht Gefahr laufen, durch eine empirisch gestützte Falsifikation (d. h. durch eine der Definition widersprechende Beobachtung) außer Kraft gesetzt zu werden. Eine Gerade – im mathematischen Sinne – ist im Rahmen der euklidischen Geometrie immer die kürzeste Linie zwischen zwei Punkten, und ein Kreis bleibt immer der geometrische Ort aller von einem Zentrum aus gleich weit entfernter Punkte, ohne daß damit die Behauptung aufgestellt wäre, in der Natur (oder Realität) selbst wäre so etwas wie eine Gerade oder so etwas wie ein Kreis auffindbar. Die Mathematik ›macht‹ (Kant) per definitionem und innerhalb ihrer eigenen geschlossenen Semantik deutliche Begriffe, die aber auch nur systemimmanent allgemeingültige Bedeutung aufweisen. Jede Abweichung von der Definition – etwa eine gekrümmte Linie zwischen zwei Punkten – fällt dann aus dem in strenger Deutlichkeit festgelegten Bereich heraus und erweist sich lediglich als kein Fall der Definition (in diesem Beispiel also als Nicht-Gerade). Die mathematischen Sätze sind mithin so ›ideal‹ wie irgend möglich, da ihre wechselseitig ausgeglichene und durch das Gleichheitszeichen festgelegte Definition keinerlei ›realen‹ Anspruch erhebt, der mittels empirischer Daten oder ›Fakten‹ verändert werden könnte.

Auch alle Naturgesetze erheben den Anspruch auf Allgemeingültigkeit. Im Gegensatz zu den mathematischen Gesetzen basiert dieser jedoch auf empirischen Inhalten und ist von daher auch empirischer Kritik ausgesetzt. Und dies ist der zentrale Punkt, an dem Popper einsetzt, wenn er davor warnt, das Ideal der Mathematik (und deren geschlossene Semantik) auf Aussagen über die Realität auszudehnen, die prinzipiell als offenes Universum (und nicht als geschlossener Sack mit abzählbar endlich vielen Murmeln) anzusehen ist, solange das Universum existiert. Denn solange die Zeit des Universums nicht ›abgelaufen‹ ist, so lange hat es eine offene Zukunft mit offenen empirischen Daten, die aus keiner Gegenwart heraus vorhergewußt werden können, während ein mathematischer Kreis etwa zeitunabhängig definiert bleibt und nicht mit allmählichen Mutationen oder gar mit neuen Überraschungen aufwarten kann.

Die Gleichsetzung

$$\text{»Kreis} = \text{rund«}$$

läßt ohne weiteres die Verallgemeinerung

»Alle Kreise sind rund«

zu, da »Kreis« über die Definition als geometrischer Ort

einer ebenen, geschlossenen Kurve, deren Punkte von einem Zentralpunkt die gleiche Entfernung haben, das Prädikat »rund« logisch impliziert. (Auch umgekehrt gilt diese Gleichung, da ein mathematisches Gleichheitszeichen von links nach rechts gelesen keine andere Bedeutung als von rechts nach links gelesen, sondern Bedeutungsidentität aufweist: Alle geschlossenen Kurven auf einer Ebene, die rund sind, beschreiben einen Kreis mit gleichem Abstand zu einem Zentralpunkt.)

Anders verhält es sich bei empirischen Sätzen, die auf Erfahrung beruhen und zu ihrer naturgesetzlichen Gültigkeit einer Verallgemeinerung bedürfen. Hier liegt keine per definitionem zeitunabhängige Bedeutungsidentität vor, die ein Prädikat zu allen potentiell gleichen Satzsubjekten zuzusprechen erlaubt. Empirische Daten bleiben immer auf die Menge ihrer Beobachtungsfälle bezogen und implizieren daher keine apriorische Allgemeingültigkeit eines bestimmten Prädikates, selbst wenn dies in bis dahin allen Fällen berechtigt war.

Die Gleichsetzung

$$\text{»Schwan} = \text{weiß«}$$

läßt also trotz ihrer formalen Ähnlichkeit mit einer mathematischen Gleichung nicht die Verallgemeinerung

$$\text{»Alle Schwäne sind weiß«}$$

zu, da mit dem Prädikat (weiß) nur die bisher beobachteten Regularitäten beschrieben werden können, nicht jedoch alle darüber hinaus vorkommenden Fälle, deren Prüfung noch aussteht. Denn es ist logisch nicht ausgemacht, daß die Stabilität einer Theorie oder eines ›allgemeinen‹ Naturgesetzes auf Dauer aufrechterhalten bleiben könnte. Hingegen ist es mit Hilfe der Logik ohne weiteres möglich, einen Allsatz zu

Fall zu bringen, wenn ihm ein Beobachtungssatz über ein empirisches Datum widerspricht. Der Satz »Alle Schwäne sind weiß« kann also empirisch gesichert nur bedeuten: »Alle bisher beobachteten Schwäne waren weiß.«

Eine einzige blaue Murmel in einem Sack mit ansonsten 999 roten Murmeln reicht völlig aus, um den Satz zu widerlegen, alle in diesem Sack befindlichen Gegenstände seien rot. Als Pauschalurteil wäre die Aussage bezüglich der roten Farbe aller zu überprüfenden Murmeln falsifiziert, selbst wenn erst die letzte Murmel sich als blau (im Sinne von nicht-rot) erwiesen hätte.

So groß also auch immer die Verführung zu positiver Auszeichnung von Theorien mit Gesetzescharakter nach Maßgabe des mathematischen Ideals ausfallen mag, so schwach ist diese über das Maß (des tatsächlich Gemessenen) hinausreichende Behauptung vor dem Tribunal der rationalen Logik, die ihre Stärke in der (Anmaßungen ausscheidenden) Negation hat. Die Kraft der Negation ist von daher in ihrer methodologischen Bedeutsamkeit zu beachten, da man der Popperschen Erkenntnistheorie zufolge zumindest dann mehr weiß, wenn man weiß, was an falschen Behauptungen vermieden werden muß. Dazu gehört insbesondere der Anspruch auf ewige Wahrheit von Naturgesetzen anstelle stets fallibel bleibender Hypothesen und Vermutungen, die lediglich bis dahin durch keine widersprechende Beobachtung zu Fall gebracht werden konnten.

Mag das Beispiel mit den 999 roten Murmeln und einem einzigen (nicht-roten) Falsifikat auch als noch so überstrapaziert angesehen werden, so macht es – als Beispiel für eine endliche Menge überprüfbarer Daten – trotzdem deutlich, was zum einen rein logisch das Problem der Induktion darstellt und was es zum anderen heißen kann, wenn die Zahl der empirischen Fälle ins Unendliche reicht.

Alle Naturgesetze tragen der Popperschen Analyse nach

das Stigma der Anmaßung, da sie eine Regularität im mathematischen Sinne postulieren. Sie müssen zwar um der Gesetzlichkeit willen Allgemeingültigkeit ihrer Inhalte beanspruchen, können aber nicht im Ideal der mathematisch geschlossenen Semantik (und der damit verbundenen Zeitunabhängigkeit) verharren, sondern sind auf die Fakten der Realität angewiesen, die (potentiell jederzeit) dem Naturgesetz widersprechen können. Von daher ist es nur konsequent, wenn Popper darauf hinweist, daß die in der Forschung zum Fortschritt führende Logik nicht anders verfährt als jede andere erfolgreiche Problemlösungsmethode, die im induktiven Verallgemeinern einen Wahrscheinlichkeitsglauben am Werke sieht und deshalb solch positivistischen Rettungsversuchen abschwört.

Denn allen »sogenannten ›allgemeinen Wirklichkeitsaussagen‹ (kann) grundsätzlich *kein* normaler Geltungswert zugeschrieben werden, da sie ja nie endgültig als wahr erwiesen werden können. ... Vom logischen Standpunkt aus müssen nach dieser Auffassung die *allgemeinen* Wirklichkeitsaussagen als *Scheinsätze* angesehen werden« (Die beiden Grundprobleme der Erkenntnistheorie, 40). Im Gegensatz dazu verweist Popper auf die »wichtigste Funktion der reinen deduktiven Logik« als der eines »Organons der Kritik«[1].

Wenn Popper also feststellt, daß die Logik ein ›Organon‹ (d. h. ein Werkzeug) der Kritik sei, dann bedeutet dies in erster Linie, daß dem formalen Schließen kein Status einer Lehre (oder Doktrin) zukommt, anhand derer von irgendeinem gegebenen (›positiven‹) Satzsystem aus auf ein weiteres – dieses Satzsystem bestätigendes – Datum geschlossen werden dürfte, mit dem eine Zusatzinformation gewonnen werden könnte. Die reine Logik als formaler Kalkül intern-rationaler Kohärenz ist schon ihrer geschlossenen Definition wegen kein Instrument (oder Werkzeug) zur Erkenntniserweiterung, sondern eine Funktion der Folgerungsbeziehung. Eine Konklusion aus verschiedenen Prämissen fügt damit den in den Obersätzen genannten Inhalten keine Bereicherungen zu, sondern legt lediglich deren Implikationen frei, weshalb die formale Logik auch von allem Inhalt (und dessen empirischer Gültigkeit) absehen kann. Sie hat es nur mit den internen Wahrheitswerten und deren kalkulatorisch funktionalen Verknüpfungsbeziehung auf syntaktischer Ebene zu tun, weshalb sie überhaupt in der Lage ist, mit Variablen – also mit Inhaltsabstraktionen – zu operieren.

Der berühmte Beispielsatz aus allen Logik-Lehrbüchern:

$$
\begin{array}{ll}
\text{Alle Menschen sind sterblich.} & (P_1) \\
\text{Sokrates ist ein Mensch.} & (P_2) \\
\hline
\text{Sokrates ist sterblich.} & (Q)
\end{array}
$$

abstrahiert von allen ontologischen, empirischen (und natürlich auch moralischen) Parametern, das heißt, er drückt lediglich die formale Logizität der Folgerungsbeziehung zwischen den Prämissen (P_1, P_2) und der Konklusion (Q) aus. Von daher erlaubt das Beispiel eine in Variablen ausgedrückte Formalisierung:

$$
\begin{array}{ll}
A = B & \text{(Wenn alle A gleich B sind und} \\
C = A & \text{wenn alle C gleich A sind,} \\
\hline
 & \text{dann gilt:} \\
C = B & \text{Alle C sind auch gleich B.)}
\end{array}
$$

Selbstverständlich gilt diese Schreibweise als Vereinfachung und ist rein prädikatenlogisch nicht ›wasserdicht‹ ausgedrückt. Exakter müßte das abstrakte Schema lauten:

ΛA (P (A) $\longrightarrow$ Q (A)) lies: Für alle (Objekte) A: Wenn
                                  P (A), so Q (A)
        P (C)   Für (Objekt) C: P (C)
        _____   _____
        Q (C)   Für Objekt C: Q (C)

wobei P und Q Prädikate sind: P (A): ist Mensch; Q (.): ist sterblich.

Für diese Variablen können alle möglichen Inhalte eingesetzt werden, ohne die formale Gültigkeit der Schlußfigur zu verletzen:

    Alle viereckigen Gegenstände sind aus Hartplastik.
    Der Mond ist ein viereckiger Gegenstand.
    _____
    Der Mond ist aus Hartplastik.

Selbst dieser abstrus klingende Schluß ist formal gültig wie das erste Beispiel mit Sokrates oder das zweite Beispiel mit inhaltsleeren Variablen, da es nur auf die abstrakte Beziehung und nicht auf sachbezogene Bedingungen ankommt: Unter der Voraussetzung, daß in einem hypostasierten System alle viereckigen Gegenstände aus Hartplastik sind, sowie unter der Zusatzvoraussetzung ($P_1 + P_2$), daß in diesem System der Mond ein viereckiger Gegenstand ist, gilt rein formal, daß gemäß den Voraussetzungen der Mond aus Hartplastik ist. Die jeweiligen Konklusionen (›unter dem Strich‹) besagen mithin nichts über das hinaus, was bereits in den beiden Prämissen enthalten ist. Wenn somit gilt, daß B aus A folgt, und zusätzlich gilt, daß A vorliegt, dann gilt mit logischer Notwendigkeit, daß auch B vorliegt:

$$A \longrightarrow B \qquad \text{(Wenn A, dann B.}$$
$$\underline{A \text{Nun ist A,}}$$
$$B \qquad \text{folglich B.)}$$

Diese Ausführungen zur rein formalen Logik sind deshalb von besonderer Wichtigkeit, weil aus ihnen hervorgeht, daß zum einen *die Logik keine erkenntniserweiternde Disziplin sein kann* (worauf auch Kants Problematisierung der »synthetischen Urteile a priori« basiert[2]) und daß zum zweiten aufgrund dieses Sachverhalts Poppers Ablehnung der Induktion und Verifikation aus rein forschungslogischen Erwägungen heraus getroffen ist (und nicht etwa aus persönlichen Geschmacksfragen heraus). Überdies wird aus den o. g. Beispielen zur formalen Logik ersichtlich, welchen Stellenwert sie in erkenntnistheoretischer Hinsicht dennoch behalten kann, wenn man die induktive (man könnte nun übersetzen: zu nichts führende) Verfahrensweise umkehrt.

Anstelle der aus Einzelsätzen auf deren Allgemeingültigkeit aufrundenden Induktion als einem fälschlichen Schlußverfahren und der damit erschlichenen Erkenntnisanmaßung – über die Möglichkeit von Erkenntnis hinaus – positivistischer Verifikation stellt Popper die (auf dem ›modus tollens‹ basierende) deduktive Logik bzw. Deduktion vor, bei welcher die Übertragung der Wahrheit von den Prämissen auf die Konklusion zur Ausscheidung falscher Theorien genutzt werden kann. *Denn die deduktive Logik kommt* nicht nur als Theorie der Wahrheitsübertragung von den Prämissen auf die Konklusion in Frage, sondern – und darin besteht ihre erkenntniserweiternde Funktion – *auch umgekehrt als Theorie der Rückübertragung der Falschheit von der Konklusion auf wenigstens eine der Prämissen.* Gemäß dem obigen Beispiel aus der Prädikatenlogik

$$\frac{\Lambda x \ (P \ (x) \longrightarrow Q \ (x))}{Q \ (C)}$$

bedeutet der Rückschluß also:

$P \ (C)$ und $(nicht \ Q \ (C)) \longrightarrow [nicht \ (\Lambda x \ (P \ (x) \longrightarrow Q \ (x)))]$

oder schlicht:

$P \ (C)$ und $(nicht \ Q \ (C)) \longrightarrow \exists x \ (P \ (x)$ und $(nicht \ Q \ (x))$.

Erkenntniserweiternd ist dieses deduktive Schlußverfahren insofern, als via negationis ein Fortschritt über (ausgemerzte) Fehlschritte – unter der regulativen Idee der Wahrheitsannäherung – möglich ist, indem aus Fehlern gelernt wird. Dieses ›Lernen aus Fehlern‹ als methodische Weiterentwicklung der ›trial and error‹-Strategie macht für Popper den einzig gangbaren Weg der Wissenschaft aus, die zwar nicht auf Beobachtungen Verzicht leisten kann, aber dennoch nicht voreilig von irgendwelchen empirischen ›Tatsachen‹ auf irgendwelche ›Gesetzmäßigkeiten‹ allgemeinen Charakters schließt. Denn – und diesen Punkt betont Popper in aller Eindringlichkeit – ein solcher Schluß greift über die logisch-rationale Sphäre hinaus und ist damit ipso facto als Fehlschluß zu entlarven und zu vermeiden.

Da aber mit Naturgesetzen keine Formulierung eines zusammenfassenden Berichts über die bisherigen Beobachtungsergebnisse angestrebt wird, sondern eine möglichst prognosefähige und auf Allgemeinheit ihrer Gültigkeit beruhende Erkenntnissicherheit, haben die Popperschen Analysen eine (auf den ersten Blick) beunruhigende Tendenz, die Assoziationen zum Relativismus – etwa Feyerabendscher Prägung: ›anything goes‹ – oder gar zum Agnostizismus nahelegen (demzufolge alle Erkenntnisbemühungen grundsätzlich in die Irre führen). Der radikale Relativismus würde besagen, daß die Wahl der erkenntnistheoretischen Kriterien vollkommen beliebig wäre, was in extremster Form die Differenz selbst zwischen Affirmation (Bejahung) und Negation (Verneinung) aufheben würde. Das hätte aber den nächsten Schritt – des Agnostizismus – zur Folge, da eine zwischen A und Non-A nivellierende Aufgabe logischer Oppositionsbeziehungen dem Widerspruch Tür und Tor öffnen würde. Mit solch radikaler Relativierung (von allem) ließe sich letztlich auch gar keine Aussage mehr treffen, weil zu jeder Aussage eine gleich gültige (beliebige) Aussage möglich wäre, die sogar gegen die eigenen Axiome verstoßen könnte. Alle Aussagen wären einer solchen ›Position‹ entsprechend gleichgültig und zugleich ungültig (wie etwa ein durchgestrichenes Verkehrsschild), weshalb schon rein formallogisch der radikale Relativismus – gerade wenn er sich selbst zu Ende denkt – keine eigentliche Position sein kann, ohne sich selbst wegzurelativieren. Der radikale Relativismus wäre ein zu Ende gedachter Agnostizismus, der jedoch mit ähnlichen Schwierigkeiten aufwartet, da er sich als eine – wenn auch nur ›akademische‹ – Position oder Reflexionsart artikuliert, die von sich selbst behauptet, unartikulierbar zu sein. Mithin wären beide ›Denk‹modelle (als circuli vitiosi) keine erkenntnistheoretischen Erwägungen, sondern im besten Fall Beispiele dafür, wie leicht es fallen kann, mit Hilfe des Denkens unbedacht gedacht zu haben.

Relativismus und Agnostizismus machen somit zwar prima facie Assoziationsmöglichkeiten zur Popperschen Widerlegung des Induktionismus (und Verifikationismus) aus, aber sie tragen zugleich den Keim ihrer eigenen logischen Aufhebung in sich, wenn man sie nur in ihrer eigenen Axiomatik ernst nimmt. Sie bilden sozusagen die Scylla auf der einen Seite und die Charybdis auf der anderen Seite, durch die eine sich selbst in Disziplin nehmende Erkenntnistheorie hindurch muß, wenn sie nicht an den selbstgesteckten Voraussetzungen scheitern will.

Popper ist sich mit seinem epistemologischen Konstrukt dessen bewußt, daß sein Erkenntnismodell bei undisziplinierter Anwendung oder Auslegung auf eine der naheliegenden Klippen zusteuern könnte, weshalb er in einer manchmal geradezu störenden Weise die Grundthese der Falsifikation gegen das Induktionsprinzip wieder und wieder repetiert, bevor er sie gegen einige aus der Philosophiegeschichte entlehnte Argumentationsfiguren (oder Ismen) abgrenzt, die im wesentlichen durch nicht-deduktives (sondern induktiv-verifizierendes) Vorgehen gekennzeichnet sind.

Poppers Befürchtung, mißverstanden zu werden, kommt viele Seiten über nicht nur zwischen den Zeilen zum Ausdruck, sondern auch in der Summe großenteils redundanter Versuche zu noch größerer Klarheit und noch größerer Einfachheit, worunter besonders der gradlinig diskursive Argumentationsgang, den Popper allenthalben einfordert, bisweilen leidet. Daran ändern auch die zu jeder neuen Auflage seiner ›Logik der Forschung‹ angefügten Postskripte (und erst recht die unüberarbeitete Fassung seiner Manuskripte aus den Jahren 1930 bis 1933: »Die beiden Grundprobleme der Erkenntnistheorie« von 1979[!]) nicht so viel, wie es eine einmalige Überarbeitung geleistet hätte. Beide Texte sind ausgesprochen voluminös und redundanzgefährdet, obwohl die ›Logik der Forschung‹ als Exzerpt aus der Vorbereitung für ›Die beiden Grundprobleme der Erkenntnistheorie‹ hervorgegangen ist (vgl. o. S. 46).

Doch gilt es bei aller berechtigten Kritik am Stil der Darstellung immer zu beachten und vor Augen zu halten, daß es sich hierbei um »eine Auseinandersetzung mit dem sogenannten logischen Positivismus des ›Wiener Kreises‹« (LdF, XXIII) handelt, weshalb der Argumentationsgang oder die

›Schußrichtung‹ deutlich adressiert und gezielt ausfällt. Dies erklärt auch das häufige Insistieren auf bestimmten Punkten sowie das Wiederholen grundlegender Stellungnahmen, die in den dreißiger Jahren – bei ihrer Entstehung – so revolutionär und schockierend wirken mußten, daß eine sehr direkte und pointierte Vorgehensweise einem bestimmten Publikum gegenüber geboten schien, als es noch nicht abzusehen war, welch weltweite Verbreitung diese Wiener Diskussion finden sollte.

Auch kann es als sehr wahrscheinlich gelten, daß die Vertreter des Wiener Kreises gut genug mit der klassischen Logik vertraut waren und von daher keiner exkursiven Vorbereitung dessen bedurften, was Popper ganz unvermittelt als den ›modus tollens‹ ins Gespräch bringt, ohne dessen Hintergrund und Herkunft zu erläutern. Lediglich ein Kant-Zitat als Motto gibt einen Verweis auf diese Schlußform der Logik, die in Poppers gesamter ›Umkehrung der epistemologischen Denkungsart‹ *die* zentrale Rolle und Schlüsselposition schlechthin spielt. (»Der ›modus tollens‹ der Vernunftschlüsse, die von den Folgen auf die Gründe schließen, beweiset nicht allein ganz strenge, sondern auch überaus leicht. Denn, wenn auch nur eine einzige falsche Folge aus einem Satze gezogen werden kann, so ist dieser Satz falsch«, wie Kant in Poppers Motto versichert.)

In der klassischen Logik spielen zwei hypothetische Schlußfolgerungen eine wichtige Rolle, deren erster ›modus ponens‹ lautet und die Folgerungsbeziehung aus einer im Kausalnexus formulierten Begriffslage angibt. Unter der hypothetischen Bedingung: ›Wenn A, dann B‹, gilt – unmittelbar analytisch – auch bei entsprechend gesicherter Kondition: ›Nun ist A, folglich ist B‹ (vgl. o. S. 59), woraus aber keinerlei Aussagenerweiterung hervorgeht. Der ›modus ponens‹ ist eine spezielle Anwendung der klassischen Operationsregel ›dictum de omni‹ (derzufolge jede Gattung auch als Gattung für deren Unterarten in beliebig langer

63

Reihenfolge erhalten bleibt — »quidquid de omnibus valet etiam valet de nonnullis et singulis«[3]) und stellt die positive Vorstufe für den von Popper nutzbar gemachten ›modus tollens‹ dar. Präziser: Billigt man die Regel des ›tertium non datur‹, daß die doppelte Verneinung einer Aussage stets ihre Bejahung ist, so sind ›modus ponens‹ und ›modus tollens‹ logisch äquivalente Syllogismen.

Viele Mißverständnisse der Falsifikationstheorie können beseitigt werden, wenn das auf dem ›modus tollens‹ basierende Falsifikationsprinzip in seiner formallogischen Begrifflichkeit entwickelt wird, bevor ausgerechnet der Kern eines – wohl nicht zufälligerweise – ›Logik der Forschung‹ genannten Buches als bloß verbale Versicherung erscheinen würde.

So gilt es zunächst, die rein syllogistische Voraussetzung der Popperschen Argumentation zu durchlaufen, bevor der Eindruck entstünde, seine Ablehnung des induktiven Verifikationismus beruhe auf einer lediglich oppositionellen Parteinahme zugunsten der Falsifikation und nicht auf einer streng rationalen Basis logischer Folgerungsbeziehung. (Wenn Popper auch seinem Leser diese Mühe erspart, so riskiert er damit jedoch einen Dezisionismus-Verdacht, der hier mit einem einfachen Exkurs entkräftet werden kann.)

Das zu lösende Hauptproblem besteht darin, eine auf reiner Logik fußende Erkenntnistheorie zu begründen, die nicht nur analytisch in wechselseitig definierter Semantik verharrt (und damit nicht über die eigenen Prämissen hinausführt), sondern eine Methode an die Hand gibt, die sowohl rational überprüfbar als auch zur Lösung von Problemen geeignet ist. Rationale Überprüfbarkeit erfordert logisch einwandfreies Argumentieren, und Problemlösungsfähigkeit verlangt danach, ohne Erkenntnisanmaßung zur Vermehrung des Wissens zu kommen.

Nun stellt zwar der ›modus ponens‹ (und damit das ›dictum de omni‹) auf triviale Weise ein logisch einwandfreies (und damit rational überprüfbares) Operationsschema dar, aber die Schwierigkeit, über das in den Prämissen verankerte Potential hinauszugelangen, wird mit dieser syllogistischen Schlußfigur nicht behoben. (Im Gegenteil: Durch ungerechtfertigte Verallgemeinerung über einen Beobachtungsbericht hinaus verleitet dieses Schema eher zur induktiven Vorgehensweise, die mit jedem Schritt zu weit geht.)

Damit scheidet der ›modus ponens‹ für die gesuchte Lösung des Problems aus, führt aber – durch Umkehrung, via negationis – zu der auf dem ›dictum de nullo‹ basierenden Operationsregel, nach der Poppers Falsifikationsprinzip arbeitet: ›Wenn A, dann B‹; ist jedoch B nicht, dann auch nicht A. Oder, mit dem berühmten Beispiel Poppers: Wenn alle Schwäne weiß sind, nun aber ein nicht-weißer Schwan entdeckt wird, dann gilt der Allsatz bezüglich der Farbe von Schwänen als widerlegt. Somit »berechtigen uns noch so viele Beobachtungen von weißen Schwänen nicht zu dem Satz, daß *alle* Schwäne weiß sind« (LdF, 3).

Poppers Beispiel wird oft gegen ihn zu verwenden versucht, indem etwa darauf hingewiesen wird, daß bei Entdeckung eines nicht-weißen Schwans genausogut die Definition bezüglich des singulären Beobachtungssatzes hätte verletzt werden können, was bedeutet, man könne den Allsatz aufrechterhalten, indem man das Falsifikat wegdefiniert und damit nicht mehr unter die entsprechende Rubrik klassifiziert. Aber mit einem solchen Einwand wird lediglich das Beispiel traktiert (das in diesem Fall nicht mehr bei-, sondern vorbei-spielt), da formallogisch immer die Voraussetzungen im Blick behalten werden müssen, denen zufolge bei Auftauchen von Nicht-B – und nicht von Nicht-C, Nicht-D etc. – die positive Allsatzaussage über B als gescheitert gilt. (Gilt also das singulär beobachtete Tier als ›Schwan‹ wie auch als ›nicht-weißes Tier‹, dann kann der allgemeine Satz, Tiere, die Schwäne sind, seien auch alle weiß, nicht mehr aufrechterhalten werden.) Es geht mithin nur um die rein logische Folgerungsbeziehung des ›modus tollens‹, der im Blick auf die zu lösende Aufgabe für eine erkenntniserweiternde Methode, die zugleich rational nachvollziehbar sein muß, zur Untersuchung ansteht. Die Frage der Angreifbarkeit von Beispielen, die zur Veranschaulichung herangezogen werden, stellt sich hier so wenig wie im o. g. ›abstrusen‹ Beispiel vom viereckigen Mond aus Hartplastik (s. o. S. 58).

Nun zeigt sich, daß der ›modus tollens‹ sowenig wie der ›modus ponens‹ unmittelbar erkenntniserweiternde Funktion haben kann, da es im Prinzip keinen Unterschied ausmacht, ob ein bloßer Erfahrungsbericht mit positiven oder mit negativen Fällen seiner Aufzählung vorstellig werden kann.

Anders jedoch zeigt sich die Situation in bezug auf die Behauptung der Sicherheit eines Wahrheitsanspruches: Hier wird die Macht der Negation nutzbar, wenn auch nur auf dem mittelbaren Wege der Ausscheidung von Allgemeinheit beanspruchenden Sätzen. Denn hier wird das potentiell ins Unendliche Iterieren (Fortsetzen) durch eine einzige widersprechende Tatsache gestoppt, mit Hilfe derer es sofort möglich ist, ein ganzes Programm ›aus dem Verkehr zu ziehen‹. Und genau darin liegt auch die Differenz zwischen der Induktion und der Deduktion, die es durchaus weiterhin erlaubt, Naturgesetze aufzustellen und zu verwenden, die es aber verbietet, einen bestätigbaren Wahrheitsanspruch mit diesen Gesetzen zu verbinden.

Während die induktive Vorgehensweise mit wachsender Anzahl von Beobachtungsfällen zur ungerechtfertigten Generalisierung verführt, genügt ein einziges Falsifikat, um eine gesamte Theorie über den Haufen zu werfen. Wie also in dem Beispiel mit den 1000 Murmeln in einem Sack noch die 999. Murmel gleicher Farbe dazu verleitet, vorzeitig zur

Verallgemeinerung aufzurunden, so wäre der Allsatz sofort widerlegt, gleichgültig, ob die andersfarbige Glaskugel nun an letzter Stelle der Überprüfung oder in einem vorausliegenden Untersuchungsstadium aufgetaucht wäre. (Der Satz: »Alle Murmeln in diesem Sack sind gleichfarbig«, ist falsifiziert, wann immer die Irregularität festgestellt wird; er ist zu keiner Zeit jedoch verifiziert, wie viele gleichfarbige Kugeln auch immer bis zuletzt in Erscheinung treten mögen.) Verlängert man das Beispiel von einer endlichen Menge, die gewissermaßen einen ›Abschlußbericht‹ zuläßt, auf das Problem der Unendlichkeit (aller potentiellen Daten), so wird hieraus deutlich, welchen erkenntnistheoretischen Nutzen die Deduktion gegenüber der Verifikation aufweist: »Wir halten nun zwar die wissenschaftlichen Theorien nicht für begründbar (verifizierbar), wohl aber für nachprüfbar... Die Objektivität der wissenschaftlichen Sätze liegt darin, daß sie intersubjektiv nachprüfbar sein müssen« (LdF, 18).

Die Forderung nach intersubjektiver Nachprüfbarkeit genügt somit der Rationalitätsvoraussetzung von Poppers Erkenntnistheorie, und die Möglichkeit zur Fehlerausmerzung durch Falsifikation stellt den Ersatz für angemaßten Wahrheitsanspruch als dessen Kritik dar. Diese kritisch-rationale Verfahrensweise kennzeichnet Popper auch als »Lehre von der deduktiven Methodik der Nachprüfung« (ebd., 5), mit der er sich einerseits im Gefolge von Kants kritischer Philosophie sieht (vgl. XXIV). Andererseits vertritt er eine Kant-Interpretation, derzufolge auch einige Distanz zum (Kern-)Problem der ›synthetischen Urteile a priori‹[4] erforderlich zu sein scheint, dessen Lösung er durch Kant als »nicht geglückt« (5) ansieht. Für Popper gilt hingegen (trotz seiner Bewunderung der transzendentalphilosophischen Leistung Kants, insbesondere was die aktive und schöpferische Funktion des Verstandes ausmacht), daß eine Theorie etwas sei, »das unser Verstand versucht, der Natur vorzuschreiben; etwas, das sich die Natur aber oft nicht vorschreiben läßt; eine von unserem Verstand geschaffene aber – hier ist der Gegensatz zu Kant – sicher nicht notwendigerweise erfolgreiche Hypothese; eine Hypothese, die wir der Natur aufzudrängen versuchen, die aber an der Natur scheitern kann« (Die beiden Grundprobleme der Erkenntnistheorie, XVII).

Unter Hinweis auf Humes Lösungsversuch des Induktionsproblems verweist Popper zunächst auf den unendlichen Regreß, der zur Rechtfertigung eines solchen Prinzips entstünde, da weitere induktive Schlüsse für ein »Induktionsprinzip höherer Ordnung« (LdF, 5) erforderlich würden, die ihrerseits induktiv abgesichert werden müßten usw. (ad infinitum), bevor er die Kausalitätskategorie Kants mit dem Induktionsprinzip in Verbindung bringt (wobei er jedoch nicht zwischen deren Form und dem ›empirischen Inhalt‹ – auf den Kant erst in seiner ›Kritik der Urteilskraft‹ zu sprechen kommt – unterscheidet). So kann er auch formulieren, Kant habe »einen gewaltsamen Ausweg aus dieser Schwierigkeit dadurch versucht, daß er das Induktionsprinzip ... als ›a priori gültig‹ betrachtet« habe (LdF, 5). Darin sieht Popper einen tradierten Sicherheitsanspruch bezüglich der in Urteilen (sofern sie synthetisch und a priori seien) formulierbaren Wahrheit, den er Kant anlastend entgegenhält.

Da eine ausführliche Auseinandersetzung mit Poppers Kant-Interpretation den Rahmen dieses Buches sprengen würde, sei darauf hingewiesen, daß nach obigem Exkurs in die klassische Syllogistik und damit in die logischen Voraussetzungen für Poppers Argumentation (über den ›modus tollens‹, den er nur konstatiert, ohne ihn zu entwickeln) weder seine Hume- noch seine Kant-Interpretation berührt zu werden braucht, da es in erster Linie darum geht, eine Erkenntnistheorie zu begründen, die zum einen nicht *mehr* zu wissen (als ihr möglich) vorgibt und zum anderen nach rein rationalen Kriterien (d. h. jederzeit nachprüfbar) so vorzugehen vermag, daß mit ihr über die bloß in den Prämissen bereits implizierten Präsuppositionen hinaus ein Erkenntnisfortschritt erzielt werden kann. Poppers ›Kritischer Rationalismus‹ erfüllt nun all diese Kriterien in rein formallogischer Sicht, ohne hierfür besonderer Absicherung bei Hume oder Kant zu bedürfen (die er allerdings als den eleganteren Lösungsweg vorzieht).

Das Falsifikationsprinzip – als kritischer Ersatz für die logisch unhaltbare Induktion – verzichtet auf sicheren Wahrheitsanspruch (d. h. auf Verifikation) zugunsten der über Fehlschritte zu erzielenden Annäherung an die Wahrheit (vgl. 96, 226): »Diese Überlegung legt den Gedanken nahe, als Abgrenzungskriterium nicht die Verifizierbarkeit, sondern die Falsifizierbarkeit des Systems vorzuschlagen«, wofür allerdings grundsätzlich die Forderung eingelöst werden muß: »ein empirisch-wissenschaftliches System [muß] an der Erfahrung scheitern können« (15). Damit sind in eins mit der deduktiven Methode die Probleme hinsichtlich der Abgrenzung von pseudowissenschaftlich (nicht-empirisch) metaphysischen Theorien gelöst, wenngleich Poppers Beispielsätze hierfür ein wenig banal klingen: »Den Satz: ›Hier wird es morgen regnen oder auch nicht regnen‹, werden wir, da er nicht widerlegbar ist, nicht als empirisch bezeichnen; wohl aber den Satz: ›Hier wird es morgen regnen‹« (15).

Dennoch braucht man nach Poppers empirischer Überprüfbarkeitsforderung für entsprechend wissenschaftlich ausgezeichnete Systeme nicht zu befürchten, daß von nun an alle Bibliotheken auf dieses Kriterium hin eigens untersucht werden müßten, um anschließend – unter Zuhilfenahme von Poppers Abgrenzungskriterium – potentiell wahre von potentiell unwahren (weil unüberprüfbaren) Büchern zu trennen. »Wir fordern ja nicht, daß jeder Satz tatsächlich nachgeprüft werde, sondern nur, daß jeder Satz nachprüfbar sein soll; anders ausgedrückt: daß es in der Wissenschaft keine Sätze geben soll, die einfach hingenommen werden müssen, weil es aus logischen Gründen nicht möglich ist, sie nachzuprüfen« (21).

Einem hiergegen trotzdem noch möglichen Einwand, daß solch ein logischer Reduktionismus lediglich eine von mehreren Perspektiven (etwa auch ästhetischer ›Kategorien‹ des translogisch suprarationalen Sinnaufschlusses) darstellt, weiß er zu entgegnen; »nur wegen seiner Fruchtbarkeit, wegen der aufklärenden Kraft seiner Folgerungen... [haben] wir die Festsetzung eines Abgrenzungskriteriums vorgeschlagen«, bevor er ergänzt: »»Definitionen sind Dogmen, nur die Deduktionen aus ihnen sind Erkenntnisse‹« (27). Wieviel ihm an der ›aufklärenden Kraft‹ bzw. an der Kraft der Aufklärung liegt, geht auch aus seiner Einschätzung der Philosophie Kants hervor, dem er die deutsche Ausgabe seiner ›offenen Gesellschaft‹ (s. u. S. 110) unter dem bezeichnenden Titel ›Immanuel Kant: Der Philosoph der Aufklärung‹[5] gewidmet hat.

Wenn Popper auch gegen Kant betont, daß »es wohl synthetische Urteile a priori gibt, nur sind sie oft a posteriori falsch« (Die beiden Grundprobleme der Erkenntnistheorie, 32) – worauf sich neuerdings auch die sog. ›evolutionäre Erkenntnistheorie‹ aus biologischer Sicht stützt[6] –, so hält er doch einige Aspekte der Kantschen Philosophie für geeignet, eine Vorstufe seines eigenen methodologischen Entwurfs zu skizzieren. »Mit seinem transzendentalen Programm hatte Kant der Erkenntnistheorie den Weg gewiesen, den Weg der Wissenschaftstheorie, der Methodenkritik«, wie er sein »Bekenntnis zu Kant – wenn auch nicht zu Kants Apriorismus –« (Die beiden Grundprobleme der Erkenntnistheorie, 320) ausdrückt. Allerdings muß Poppers Interpretation des ›Apriorismus‹, den er in seiner ›Logik der Forschung‹ nur noch terminologisch aufnimmt (während er ihn in seinem grundlegenden Manuskript dazu auf fast hundert Seiten erörtert, vgl. Die beiden Grundprobleme der Erkenntnistheorie, 42–136), als teilweise fragwürdig angesehen werden, da er die apriorische ›Gültigkeit‹ aus den reinen Verstandesformen (bzw. ›Kategorien‹) auf deren Inhalt überträgt, wogegen sich Kants Erklärung der Kategorien ausdrücklich abhebt. Sie sind ihm »Begriffe von einem Gegenstande *überhaupt*, dadurch dessen Anschauung in Ansehung einer der logischen Funktionen zu urteilen als bestimmt angesehen wird«[7].

Unter Verwendung einer der Kategorien wird also ein Wahrnehmungsurteil in ein Erfahrungsurteil transformiert, was etwa für die Kategorie der Kausalität (als einer der zwölf Verstandes-Formen) bedeutet, daß aller zu synthetisierende Inhalt (wenn A: Ursache, B: Wirkung) nur in Form des ›Wenn-Dann-Urteils‹ zum Ausdruck gebracht werden kann. (Die Frage nach der Spezifikation empirischer Begriffe hingegen ist nach Kant Sache der zweckmäßigen Einbildungskraft und wird entsprechend in seiner ›Kritik der Urteilskraft‹ behandelt.) Die objektive Gültigkeit bezieht sich also nie auf den semantischen Aspekt, sondern immer nur auf die formale Synthesisleistung überhaupt. Während also durch die Kategorie der Kausalität als rein syntaktischer Verknüpfung der transzendentale Gegenstand (›überhaupt‹) konstituiert wird und somit objektive Gültigkeit (›formaliter spectata‹) vorliegt, wird durch Spezifikation empirischer Begriffe (›materialiter spectata‹) die Gegenstandskonstitution nur problematisch erreicht. (Interessanterweise kommt die Problematisierung der regulativen Gültigkeit (der Maxime der reflektierenden Urteilskraft) in der ›Kritik der Urteilskraft‹ dem Popperschen Standpunkt näher als die von ihm kritisierte objektive Gültigkeit synthetischer Urteile a priori, wie sie in der ›Kritik der reinen Vernunft‹ vorzufinden ist. Beide Problembereiche zusammen verhalten sich wie Form und Inhalt, Syntax und Semantik oder Vorder- und Rückseite einer Medaille zueinander und ergänzen darüber hinaus den Popperschen Aspekt der Geltungsfrage von Theorien um deren

Genese, was hier jedoch nicht in extenso ausgeführt werden kann, zumal es den logischen Punkt in Poppers Argumentation ohnehin nicht beeinflußt, sondern nur seine Kant-Interpretation.)

Das forschungslogische Falsifikationsprinzip zielt auf die inhaltliche Behauptung einer Theorie ab, die sich unmittelbar an der Realität messen lassen soll, um eine empirische Überprüfung zu gestatten, derzufolge falsche (widersprüchliche) Implikationen mitsamt der dazugehörigen (allgemeinen) Wirklichkeitsaussage widerlegt werden können, aus der sie deduziert wurden.

Dies hat für zahlreiche Programme der tradierten Erkenntnistheorie zur Folge, daß sie ihrer Unhaltbarkeit wegen aufgegeben werden müssen: Der (unkritische) Rationalismus, der mit Evidenzgrundsätzen und daraus folgenden Verallgemeinerungen operiert, kann nur noch negativ (kritisch) in Form des logisch deduktiven Verfahrens verwendet werden, d. h. als ›Kritischer Rationalismus‹. Der reine Empirismus scheidet aufgrund seiner induktiven Grundsätze aus und erlangt nur noch Bedeutung für (wiederum negative) Basissätze zur Widerlegung. Der Intuitionismus wird dem Aspekt der Theoriengenese (und damit nach Popper) der Psychologie zugeordnet. Der Positivismus wird auf die Extrapolation einer Beobachtungsreihe reduziert (die erkenntnistheoretisch keinen Fortschritt leistet). »Der Apriorismus ist abzulehnen, sofern er (erkenntnistheoretisch) die Gültigkeit allgemeiner Wirklichkeitsaussagen (synthetischer Urteile a priori) behauptet« (Die beiden Grundprobleme der Erkenntnistheorie, 324), der Pragmatismus scheidet mit seiner Gleichsetzung von Wahrheit und Bewährung aus, während »die positive Bewertung der Naturgesetze nur in ihrer Bewährung durch die Verifikation der deduzierten Prognosen« als einer »Nicht-Bewährung einer Falsifikation« liegt (d. h. nur negativ kritisch; vgl. Die beiden Grundprobleme der Erkenntnistheorie, 324).

Damit scheidet außer der Verifizierbarkeit und deren induktiver Erschließbarkeit auch die Beurteilung von Naturgesetzen als mehr oder weniger wahrscheinlich aus, womit auch jegliche Erkenntnis-Sicherheit als erfahrungstranszendente Anmaßung entlarvt wird. Andererseits geht Popper davon aus, daß gerade durch solch eine radikale Falsifikationsmethode, die einzig der Negation in Form des logischen ›modus tollens‹ eine Berechtigung einräumt, ein Fortschritt – nämlich über Fehlschritte – möglich ist. Dies ist zumindest der einzig gangbare rationale Weg, der zugleich ein empirisches Abgrenzungskriterium gegen metaphysische Vorgehensweisen enthält und damit vor mystisch-prophetischen (der Überprüfbarkeit entzogenen) Modellen schützen soll.

Eine solche ›kritisch-rationale‹ Erkenntnistheorie bedarf allerdings auch eines direkten Kontakts mit der empirisch zur Kontrolle von Theorien herangezogenen Außenwelt, da sonst die für Falsifikationen erforderlichen Basissätze (z. B. »Hier ist ein schwarzer Schwan«) keine Vermittlung leisten könnten, weshalb zumindest eine von sich aus strukturierte Realität hypostasiert sein muß, was bei Popper ausdrücklich der Fall ist, indem er sich der Korrespondenztheorie verschreibt, die unter ›Wahrheit‹ die Deckungsgleichheit von Theorien und Tatsachen versteht.

Wenn damit auch Theorien als niemals rational zu rechtfertigen, ja nicht einmal als wahrscheinlich zu erweisen sind, so ist es doch das Durchwandern der Widersprüche, mit dem die Falsifikation als Erkenntnisvehikel zur Annäherung an die Wahrheit (über Umwege) fungiert und auf diese Weise als Stimulans für die Wissenschaft als Logik der Forschung zur Vorstellung des Fortschritts dient.

»Aber das wußte, sogar schon vor Sokrates, der alte Xenophanes, als er die Worte schrieb:

›Nicht vom Beginn an enthüllten die Götter den Sterblichen alles.

Aber im Laufe der Zeit finden wir suchend das Bess'-re.‹«[8]

Denn, mit Poppers Worten, »Wissenschaft ist Wahrheitssuche: nicht der Besitz von Wissen, sondern das Suchen nach Wahrheit« (Die beiden Grundprobleme der Erkenntnistheorie, XXII).

Mit dieser Skizzierung der logischen Struktur von Poppers theoretischen Hauptwerken ist natürlich der Weg zum Fortschritt über Fehlschritte nur andeutungsweise erfaßt und eingeschlagen, der sich im nächsten Kapitel – unter Hervorhebung von Poppers Sicht der Dialektik – weiter beschreiten läßt. Es soll an dieser Stelle allerdings noch festgehalten werden, worauf Popper in seinem ›Neuen Anhang‹ zur ›Logik der Forschung‹ besonderen Wert legt, wenn es dort kursiv gedruckt heißt: »*Insofern sich die Sätze einer Wissenschaft auf die Wirklichkeit beziehen, müssen sie falsifizierbar sein, und insofern sie nicht falsifizierbar sind, beziehen sie sich nicht auf die Wirklichkeit*« (256), woraus Poppers Betonung der *empirischen* Wissenschaftlichkeit in korrespondenztheoretischer Absicht hervorgeht.

3. KAPITEL

Abgrenzungsprobleme

(WIE ICH DIE PHILOSOPHIE SEHE[1];
VERMUTUNGEN UND WIDERLEGUNGEN)

Jeder ernst zu nehmende Philosoph ist sich dessen bewußt, daß das Bild, das er sich von der Welt macht, kein photographisches Abbild der wahren Natur sein kann, sondern nur ein mehr oder weniger passendes Gerüst theoretischer Art. Es ist sogar das Hauptcharakteristikum der Philosophie, um die bloße Theoretizität ihrer Aussagen zu wissen. Darunter ist aber kein zu beklagender Mangel zu verstehen, sondern sogar die Chance, bessere Theorien von schlechteren zu unterscheiden, um auf diese Weise Fortschritte zu erzielen, indem es etwa gelingt, die weniger geeigneten Theorien zu widerlegen und auszuscheiden, so daß die besseren übrigbleiben und nun die Basis für weitere Überlegungen abgeben können. Diese eher optimistisch anmutende Einstellung wird aber oftmals vom Pessimismus agnostischer Prägung überdeckt, wenn unser mögliches Wissen nicht als ein Vermutungswissen eingesehen wird, sondern alle Anstrengungen auf den Besitz der absoluten, unverbrüchlichen und ahistorisch-zeitlos geltenden Wahrheit hin abzielen. Die Philosophie hat solchen Bestrebungen gegenüber ein Wächteramt inne, das man nicht ernst genug nehmen kann, wenn man sich nur der immensen Folgen bewußt ist, die der Verzicht auf das Vermutungswissen zugunsten eines theoretischen Totalitarismus impliziert. Allerdings ist von der Philosophie auch zu erwarten, daß sie die Grenze zu zeigen vermag, wo noch die rational zugängliche Sphäre der konjekturalen Erkenntnis liegt und wo theoretische Übertreibungen und die Anmaßung, im Besitz der absoluten Wahrheit zu sein, beginnen. Folglich muß sich die Philosophie – gerade aufgrund ihres Plädoyers für intellektuelle Bescheidenheit – einer ihre Sicht rechtfertigenden und vernünftigen Argumentation als Legitimation für ihren Sonderstatus innerhalb der Einzelwissenschaften bedienen, die in aller Regel ohne eine permanente Selbstrechtfertigung auskommen können; sollte diese erforderlich werden, ist die Instanz der Philosophie oder der Erkenntnistheorie gefragt, worin auch ihre weiterhin anerkannte Funktion als Königin der Wissenschaften liegt.

Die Philosophie bedarf daher einer »apologia pro vita sua« als Rechtfertigung ihrer Vorgehensweise; sie muß sich ferner damit abmühen, die oftmals stark differierenden Ausgangspunkte mit Hilfe rationaler Argumentation zu einem gangbaren Gesamtkonzept zu bringen. Darin sieht Popper, wie er in dem 1975 publizierten Aufsatz ›How I See Philosophy‹[2] ausführlich darlegt (und dem auch die englischsprachigen Zitate bis S. 79 entnommen sind), eine besonders hervorzuhebende Aufgabe der Philosophie, denn seiner »Ansicht nach hat die professionelle Philosophie einiges auf dem Gewissen«, so daß eine Rechtfertigung ihrer Existenz als »dringend nötig« erscheint[3]. Diesen Umstand lastet Popper aber nicht nur denjenigen philosophischen Konzepten an, die er ohnehin für revisionsbedürftig hält, sondern er bezieht sich selbst mit ein, wenn er etwa sagt: »I even feel that the fact that I am a professional philosopher myself establishes a serious case against me: I feel it as an accusation. I must plead guilty, and offer, like Socrates, my apology« (130f.), wobei er hier an Platons ›Apologie des Sokrates‹ denkt, »because of all works on philosophy ever written I like it best« (131). Dies mag ein wenig überraschen, wenn man sich seiner Darstellung der Philosophie Platons in seinem zweibändigen Werk ›Die offene Gesellschaft und ihre Feinde‹ (vgl. u. Kap. 5 und 6) erinnert, aber dies wird auch gleich geklärt, wenn auf derselben Seite noch folgender Passus zu finden ist: »*Plato*, the greatest, profoundest, and most gifted of all philosophers, had an outlook of human life which I find repulsive and indeed horryfying. Yet he was not only a great philosopher and the founder of the greatest professional school of philosophy, but a great and inspired poet; and he wrote, among other beautiful works, *The Apology of Socrates*. What ailed him, and so many professional philosophers after him, was that, in stark contrast to *Socrates*, he believed in the *élite*« (130).

Wenn Popper also in Platon eine Auffassung vom menschlichen Leben vertreten sieht, die er für abstoßend und geradezu erschreckend hält, so attestiert er ihm doch gleichzeitig, einer der größten, genialsten und tiefsten aller Denker gewesen zu sein, weshalb er sich in seinem wichtigen Aufsatz ›How I See Philosophy‹ ausdrücklich auf Platons Apologie des Sokrates beruft und diese als Basis für seine eigene Apologie der Philosophie insgesamt nimmt. Und darunter versteht er vor allem die Bändigung unserer Leidenschaften durch die sehr begrenzte Vernünftigkeit, deren wir fähig sind. »The taming of our passions by that limited reasonableness of which we may be capable is, in my view, the only hope for mankind« (132). Deshalb sieht er auch in dem tatsächlichen Vorhandensein dringlicher und ernsthafter philosophischer Probleme die Notwendigkeit ihrer kritischen Diskussion und die einzige Entschuldigung dafür, was als akademische Philosophie in Anspruch genommen wird: »Indeed the existence of urgent and serious philosophical problems and the need to discuss them critically is, in my view, the only apology for what may be called professional or academic philosophy« (134).

Vor allem aber spricht sich Popper engagiert für intellektuellen Wagemut in Form riskanter Konjekturen – also in Form von Vermutungen mit großem Aussagewert – aus, da wir nicht intellektuelle Feiglinge und Wahrheitssucher zugleich sein können, sondern es riskieren müssen, weise sein zu wollen, wie es bereits die Kantsche Aufklärung einfordert, derzufolge wir den Mut aufbringen sollen, uns unseres eigenen Verstandes ohne die Bevormundung durch andere zu bedienen. »I am all for intellectual boldness. We cannot be intellectual cowards and seekers for truth at the same time. A seeker for truth must dare to be wise – he must dare to be a revolutionary in the field of thought« (136), womit Popper an Kants berühmtes Diktum ›Sapere aude!‹ erinnert (das auf Horaz zurückgeht).

Auf dieser Grundlage ist es zu verstehen, daß für Popper die Probleme der kritischen Erkenntnistheorie das Kernstück aller Philosophie ausmachen, und zwar sowohl der populären Philosophie des Alltagsverstandes wie auch der akademischen Philosophie: »As I see it, the problems of the theory of knowledge form the very heart of philosophy« (141). Mit dieser Restriktion der Philosophie auf die kritische Erkenntnistheorie versucht sich Popper in erster Linie von philosophischen Programmen abzugrenzen, die nicht rational nachvollziehbar sind und dementsprechend auch nicht mit Hilfe der Logik widerlegt werden können, wobei er vor allem die Hermeneutik und mehr noch die Dialektik im Blick hat, die er in ›Conjectures and Refutations‹[4] hart angeht.

Für ihn besteht die Pflicht eines jeden Intellektuellen darin, sich zwar seiner privilegierten Stellung bewußt zu sein, aber aus dieser resultiert nicht etwa die Arroganz der akademischen Macht, sondern die Pflicht zu intellektueller Bescheidenheit und Klarheit. Gerade in der Macht des Wissens liegt die Gefahr des Mißbrauchs, vor dem Popper warnt. Er selbst hat sich für die Sokratische und Cusanische Bescheidenheit entschieden, die in der ›belehrten Unwissenheit‹ und dem Bekenntnis dazu liegt, das von jedem Akademiker verlangt werden kann. »I believe it is the duty of every intellectual to be aware of the privileged position he is in. He has a duty to write as simply and clearly as he can, and in as civilized a manner as he can; and never to forget either the great problems which beset mankind and which demand new and bold but patient thought, or the Socratic modesty of the man who knows how little he knows. As against the minute philosophers with their minute problems, I think that the main task of philosophy is to speculate critically about the universe and about our place in the universe, including our powers of knowing and our powers for good and evil« (146).

Mit diesen Hauptpunkten aus Poppers genereller Sicht der Philosophie – ›How I See Philosophy‹ – sind wichtige propädeutische Stationen markiert, die auch in seinem voluminösen Sammelband ›Conjectures and Refutations‹ anklingen. Bis auf wenige Ausnahmen[5] liegen diese Beiträge noch nicht in Übersetzung vor, was insofern bedauerlich ist, als auf diese Weise einige Konzepte Poppers nur zögernd Eingang in die deutsche Diskussion gefunden haben.

Dies gilt z. B. für seine Auseinandersetzung mit der *Manifestationstheorie der Wahrheit und der Verschwörungstheorie der Unwissenheit* (der Auffassung also, daß sich Wahrheit finden läßt, wenn man sich nur an die richtigen Quellen hält und diese richtig handhabt). Popper zeigt hier, daß man die Bedeutung eines *Begriffs* (›concept‹) zwar erfassen kann, indem man ihn bis an seinen Ursprung zurückverfolgt, daß sich aber damit die Wahrheit einer *Aussage* (›statement‹) nicht begründen läßt. In der Wissenschaft geht es um wahre Aussagen, doch gibt es keine autoritativen Quellen für Wissen (vgl. ›On the Sources of Knowledge and Ignorance‹).

Wissenschaftliche Aussagen werden oft als bloße Instrumente betrachtet, mit denen sich Prognosen machen lassen (vgl. ›Three Views Concerning Human Knowledge‹; Popper nennt diese Auffassung Instrumentalismus). Regeln zur Ableitung von Prognosen, die für praktische Zwecke auf ihre Anwendbarkeit überprüft werden, unterscheiden sich allerdings deutlich von der Prüfung wissenschaftlicher Theorien:

Während es beim instrumentellen Gebrauch nur darauf ankommt, ob die Rechenregeln praktischen Zwecken genügen,
sind Prüfungen wissenschaftlicher Theorien Versuche im
Sinne der Irrtumselimination.

Mit dem Instrumentalismus (demzufolge die Suche nach
endgültigen Erklärungen hoffnungslos ist) teilt Popper zwar
die Ablehnung letzter Erklärungen, doch betont er einmal
mehr, daß Wahrheit ein Ziel ist, das wir zwar nicht sicher
erreichen können, dem wir uns aber zumindest annähern
können.

Im Gegensatz zu erfahrungswissenschaftlichen Theorien
sind Philosophien mittels Tatsachen nicht widerlegbar, was
aber nicht heißt (wie der Positivismus mit seinem Abgrenzungskriterium zwischen Erfahrungswissenschaft und Philosophie folgert), daß Philosophie sinnlos sei. Auch philosophische Theorien sind Versuche der Lösung von Problemen.
Sie können Irrtümer enthalten, aber indem sich durch Eliminierung der Irrtümer ein anderes Problem oder eine bessere
Problemlösung ergibt, ermöglicht auch sie eine kritische Diskussion nicht widerlegbarer Theorien (vgl. ›On the Status of
Science and of Metaphysics‹).

Mit ›Truth, Rationality, and the Growth of Scientific
Knowledge‹ führt Popper zwei Begriffe ein, die ihm für seine
Konzepte wichtig sind: ›Verisimilitude‹ und ›Hintergrundwissen‹. Bei der Annäherung an die Wahrheit ist – vor allem
in den Naturwissenschaften – die nicht widerlegte Theorie
vorzuziehen, falls ihr empirischer Gehalt nicht geringer ist
als der der widerlegten Theorie. Aber was ist zu tun, wenn
alle vergleichbaren Theorien auf einem Wissenschaftsgebiet
Widerlegungen erfahren haben? Das kann z. B. in den Sozialwissenschaften passieren. In solchen Fällen bringt das
Konzept der *Verisimilitude* Hilfe (auch wenn es nicht gelun-
gen zu sein scheint, eine Definition zu finden, die jeder Kritik
standhält). Die Idee dabei ist, daß die Wahrheitsähnlichkeit
einer Theorie dadurch bestimmt werden soll, daß man die

Differenz zwischen den wahren und den falschen Aussagen bildet, wobei dann jener Theorie der Vorzug zu geben ist, deren Differenz größer ist.

Das Konzept des *Hintergrundwissens* ist Popper unter anderem für die Bestimmung dessen wichtig, was er einen ›ernsthaften‹ Widerlegungsversuch einer Theorie nennt. Da man immer Prüfungen erfinden kann, die eine Theorie bestätigen, sind nur *ernsthafte Prüfungen* eine Bewährungsprobe für eine Theorie. Es ist nun das allgemein akzeptierte Hintergrundwissen, das einen Hinweis auf die Ernsthaftigkeit gibt. Ernsthaft ist eine Prüfung dann, wenn sie sich auf die vor dem Hintergrundwissen *riskanteste Konsequenz* konzentriert (vgl. auch S. 86).

›Conjectures and Refutations‹ nimmt in manchem Gedanken vorweg, die sich in späteren Aufsatzsammlungen (etwa ›Objektive Erkenntnis‹ oder ›Auf der Suche nach einer besseren Welt‹ vgl. Kap. 7 und 9) entweder thematisch ähnlich oder in weiterführender Wiederholung wiederfinden. Hier soll deshalb der Schwerpunkt auf den Aufsatz ›What is Dialectic?‹[6] gelegt werden, da Popper diesen selbst für den wichtigsten hält[7] und er außerdem Poppers Verständnis der Dialektik klarmacht, was sich besonders als Anschluß an die Darstellung seiner ›Logik der Forschung‹ gut einfügt. Denn die Dialektik ist etwas anderes als die rationale Logik und verdient schon von daher besondere Bedeutung, zumal ganze Schulen der Philosophie auf der Dialektik aufbauen und damit das Schema der reinen Rationalität vollkommen verlassen. Nach Poppers Selbstbeschränkung der Philosophie auf die rein rationale Erkenntnistheorie bedeutet dies aber, daß sich die dialektischen Positionen von der Wissenschaftlichkeit entfernen.

In ›Conjectures and Refutations‹ geht es um die Darstellung einer dynamischen Erkenntnistheorie, welche die Absicht verfolgt, auch noch die falsifizierenden Theorien offenzuhalten für weitere Kritik, so daß an keiner Stelle ein (statischer) Dogmatismus entstehen kann. Denn auch die widerlegenden Theorien sind keine Offenbarungen mit letztgültiger Sicherheit, sondern ihrerseits ein dem Ratemodell verpflichtetes Vermutungswissen, das sich keinen höheren Standpunkt anmaßen kann. Alle Erkenntnis hat nur temporär gültigen Charakter im Sinne einer Bewährung auf Zeit, die wieder verlorengehen kann, wenn sich eine spätere Falsifikationsmöglichkeit finden läßt. Dadurch, daß sie weiterhin zur kritischen Disposition steht, ist die Dynamik der stets offenen Revidierbarkeit gewahrt.

Alles Wissen basiert auf Vermutungen (›conjectures‹) und ist zu keiner Zeit vor Widerlegungen (›refutations‹) gesichert, selbst wenn das Falsifikationsprinzip einen Kompaß dafür an die Hand gibt, temporär befriedigend erscheinende Problemlösungen von unkritischen und nicht der Bewährung zugänglichen Theorien zu unterscheiden. Aber man kommt eben nie ›zu den Sachen selbst‹, sondern immer nur zu besseren Problemlösungen, die allerdings auch bei der mindesten Nachforschung revidiert werden können: Philosophische Probleme sind nun einmal verschieden von rein mathematischen oder rein formallogischen Problemen, bei denen eine geschlossene Semantik vorliegt und die Begriffe gegenseitig abgegrenzt definiert sind. Daher konnte Kant in seiner ›Kritik der reinen Vernunft‹ formulieren: »In der Mathematik gehöret die Definition ad esse, in der Philosophie ad melius esse. Es ist schön, aber oft schwer, dazu zu gelangen«[8]. Diese extrem wichtige Stelle steht bei Kant nur in einer Fußnote – und wird von Popper auch nirgends erwähnt –, trifft aber den Nagel dessen genau auf den Kopf, was der Kritische Rationalismus in aller Eindringlichkeit zu verdeutlichen versucht.

›Ad esse‹ zu kommen würde bedeuten, daß man die Forschung als endgültig gesichert abbrechen könnte, weil dann eine ›ended quest‹ erreicht wäre, was dem Popperschen Gedanken (der ›unended quest‹) diametral entgegenliefe.

Denn es würde damit die Möglichkeit ausgeschlossen, Widerlegungen zu formulieren und die Dynamik der Wissenschaft aufrechtzuerhalten. Es wäre mithin schlichter Dogmatismus und gravierender Reflexionsverzicht, aus Willkür den Dialog an einer bestimmten Stelle abzubrechen, als läge plötzlich die absolute Wahrheit auf dem Tisch, die ihrerseits nicht mehr zur Disposition gestellt werden könnte. Denn »keine Philosophie [ist] widerlegt worden« – in einem abschließenden und endgültig wahren oder sicheren Sinne. »Was widerlegt worden, ist nicht das Prinzip dieser Philosophie, sondern nur dies, daß dies Prinzip das Letzte, die absolute Bestimmung sei«[9].

Unter einer wirklich ernst zu nehmenden Philosophie ist also nur das zu verstehen, was nicht mit dem Anspruch des unreflektiert absoluten Wissens auftritt, sondern mit der – vielleicht prima facie radikal wirkenden – Einsicht, daß es kein letztbegründbares Wissen geben kann, sondern nur die stets offene Reflexion auf genau diesen Umstand hin. Daraus resultiert die philosophisch reflektierte Einsicht, daß nicht nur das Universum, die Semantik und auch die Gesellschaft als dynamisch offen zu betrachten sind, sondern auch alle Theorien.

Von daher macht es (philosophischen) Sinn, all unser Wissen und all unsere Erkenntnis, so vielfältig sie auch immer ausdifferenziert sein mögen, als bloßes ›Vermutungswissen‹ zu verstehen und der Versuchung zu widerstehen, sich im Besitz der absoluten (oder göttlichen) Wahrheit zu wähnen. Die Betonung gerade dieses Aspekts ist nicht neu. Popper selbst schreibt, daß er damit in einer Tradition stehe, die an Nicolaus von Cues anknüpft – weil »wir unsere menschliche *Unwissenheit* betonen«[10]; aber auch Erasmus von Rotterdam, Xenophanes und Sokrates, Montaigne, Voltaire, Locke und Lessing werden in diesem Zusammenhang genannt.

Daß bereits Nicolaus von Cues (oder Cusanus) philosophisch-erkenntnistheoretische Reflexionen angestrengt hat, die dem *Vermutungscharakter* des menschlich-endlichen Wissens Rechnung tragen, ist wohl kaum je beachtet worden. Nicht einmal den Vertretern des Deutschen Idealismus scheinen diese Reflexionen vertraut gewesen zu sein.

Cusanus teilt die Erkenntnisfähigkeit in Stufen ein, denen er vier Regionen zuordnet: Auf der untersten Stufe ist die Sinnlichkeit angesiedelt, in welcher noch keine Negation und damit auch noch keine Widerspruchsmöglichkeit vorliegt. Die nächsthöhere Stufe ist die des Verstandes, welcher den Widerspruch ermöglicht durch seine Unterscheidung zwischen Affirmation (Bejahung) und Negation (Verneinung). Der Verstand geht nach logischen Prinzipien durch binäre Ja/Nein-Konstellationen vor und kann – seinem eigenen Gesetz nach – nicht dasselbe sowohl bejahen wie verneinen, sondern muß sich disjunktiv entscheiden, was auch Popper betont, wenn er sagt: »We cannot define, but we must often distinguish« (402, was in ›Conjectures and Refutations‹ sogar gesperrt gedruckt ist).

Wie nach Cusanus der Verstand als die höhere ›Andersheit‹ der Sinnlichkeit aufgefaßt wird, so steht die Region der Vernunft (›intellectus‹) über der Ratio als deren ›Andersheit‹. In der Vernunft bestehen Affirmation und Negation ohne Widerspruch nebeneinander in der sie umfassenden Idee, welche die opposita umschließt. Als die höchste Region nennt der Kardinal noch die absolute Einheit und Einfachheit, in welcher alles aufgehoben wird, was in den ersten drei Regionen Gültigkeit aufweist. Diese absolute oder göttliche Einheit ist über all das erhaben. (Mit dieser ›Regionentheorie‹ greift Cusanus die vier metaphysischen Einheiten aus der Tradition auf: Körper, Seele, Intelligenz und Gott, wobei er für die oberste, alles einschließende, einfachste und absolute Einheit und Wahrheit – Gott – keine angemessene Ausdrucksweise kennt.)

Popper verzichtet freilich vor allem auf eine metaphysische Gottesvorstellung. Er begnügt sich aus der Regionenskala des Cusanus vor allem mit der Sphäre der Ratio, mit Hilfe derer diskursiv und argumentativ (also kritisch im strengsten Sinne) verfahren werden kann. Dennoch ist es philosophiegeschichtlich interessant, daß bereits im 15. Jahrhundert – wenn auch stark theologisch geprägte – Ansätze zum *Vermutungs*wissen und zur ›ars *coniecturalis*‹ zu finden sind. So definiert Cusanus die Mutmaßung oder Konjektur als eine »positiva assertio, in alteritate veritatem, uti est participans«[11], d. h. als eine positive Behauptung über die Wahrheit, an welcher sie *in Andersheit* partizipiert. Auch hier wird also bereits reflektiert, daß die Philosophie nie zu einem sicheren Ende (also ›ad esse‹) kommt, sondern nur ›ad melius esse‹ im Sinne einer besseren Lösung. Positiv ist die Vermutung aufgrund ihres Anteils an der Wahrheit, wenngleich sie diese vielleicht auch nur berührt (in alteritate!). Sie ist eine Behauptung, die sich positiv als befangen in ihrer Grenze denken läßt, um damit einen absoluten Wahrheitsanspruch zu vermeiden. Die konjekturale Behauptung muß sich zwar notwendig diskursiv rational ausdrücken, sprengt aber grenzbegrifflich diese Diskursivität kraft ihres *intellektualen* Wissens darum, was es damit auf sich hat. Somit vereinigt sie in sich die statisch-endliche Bedingtheit, auf die sie *rationaliter* festgestellt ist, und die *dynamische* Kraft des Schöpferischen, die ihre Reflexionsbeweglichkeit und Lebendigkeit ausmacht.

Demnach wäre die Jagd nach der Weisheit (›venatio sapientiae‹) auf der falschen Fährte, wenn sie die *absolute* Wahrheit zu ihrem Ziel hätte, da sie diese *niemals erreichen* kann. Dies bedeutet, daß der Mensch mit individuellen Vermutungen, die er durch seine angeborene Urteilskraft hervorbringt, andere zu eigenen Vermutungen anzuregen vermag. Damit hat Cusanus bereits die kommunikationsspezifische Bedeutung der Sprache berücksichtigt, und zwar fast schon im Sinne Poppers, daß sich nämlich Probleme auf diese Weise zwar lösen lassen, nicht aber zu einem endgültigen Ziel und zu absoluter Sicherheit zu gelangen ist.

Nun mag es überraschend anmuten, wenn Popper gerade im Zusammenhang mit dem *Vermutungs*wissen auch von einem ›Hintergrund*wissen*‹ (C & R, 238: »background knowledge«) spricht, aber damit ist nicht gemeint, wir hätten so etwas wie ein *sicheres* Fundament im Alltagsverstand, sondern das Gegenteil. Es ist vielmehr der Hinweis auf den Umstand, daß niemals von einer ›tabula rasa‹ ausgegangen wird, sondern bei jeder Problematisierung ein temporär unproblematisch erscheinender Bereich die Folie dafür abgibt, daß sich überhaupt ein Aspekt wissenschaftlich herausgreifen und kritisch thematisieren läßt. (Aus diesem Grund verzichtet Popper später – in seiner ›Objektiven Erkenntnis‹ – auch auf den Zusatz ›-wissen‹ und beläßt es neutral bei einem immer vorauszusetzenden ›Hintergrund‹). Denn »to start from scratch ... can easily lead to the breakdown of a critical debate« (C & R, 238), weshalb hier kein Anlaß zum Vorwurf eines unkritischen Rückfalls hinter die eigene Position besteht: »While discussing a problem we always accept if only temporarily all kinds of things as *unproblematic*: they constitute for the time being, and for the discussion of this particular problem, what I call our *background knowledge*« (ebd.), was bedeutet, daß jeder Erkenntnisfortschritt in der Veränderung *vorangegangenen* Wissens besteht und nicht ›ab ovo‹ ansetzen kann. Damit beweist Popper nicht zuletzt, daß auch er das Problem der voraussetzungslosen Unmittelbarkeit reflektiert, zumal ja ohne Voraussetzungen (oder Hintergründe) eine kritische Debatte unmöglich wäre. Zugleich gilt es jedoch zu beachten, daß auch die zu debattierenden Hintergründe einmal *zustande gekommen* sein mußten (worauf im Schlußkapitel eingegangen wird).

Die vom menschlichen Geist erfaßbare Wahrheit ist begriffen in ihrer notwendig endlich bleibenden Reduktion und damit als Wahrheit *innerhalb der Grenzen der bloßen Vermutung*, über die hinaus jeglicher Wahrheitsanspruch auf ontologische Gültigkeit als Standpunktaufspreizung erschiene. Die konjekturale ›Anmessung der endlichen Perspektive‹ kippt sofort um in *Anmaßung*, wenn die *funktional*ontologische Begrifflichkeit aus ihrer ›ontologischen Relativität‹ (mit Quine gesprochen) herausgerissen würde.

Wie für Cusanus (und natürlich erst recht für Quine) gibt es auch für Popper keine absolute und endgültig gesicherte Ontologie, sondern nur temporäre und damit relative Aussagen über die Wirklichkeit, die er zu Recht ›conjectures‹ nennt. Er legt allerdings sein Hauptaugenmerk auf die potentielle Falsifizierbarkeit durch ›refutations‹, was seiner Ansicht nach bei dialektischen Positionen nicht gewährleistet ist, da deren Aussagen nicht rational überprüfbar seien. Für Popper ist »dialectic (in the modern sense, i. e. especially in the sense in which Hegel used the term) ... a theory which maintains that something – more especially, human thought – develops in a way characterized by what is called the dialectic triad: *thesis, antithesis* and *synthesis*« (313), was zumindest mit der ›common sense‹-Auffassung von Dialektik zusammenstimmt (wenn auch nicht mit dem Selbstverständnis dialektisch ausgerichteter Philosophen).

Popper ist sogar bereit einzuräumen, daß die dialektische Triade recht gut bestimmte Schritte in der Geistesgeschichte beschreibt: »It can hardly be doubted that the dialectic triad describes fairly well certain steps in the history of thought« (314), aber er unterscheidet dieses Verfahren mit Nachdruck von seinem eigenen Verfahren des ›trial and error‹. »We did not imply that the struggle between a thesis and an antithesis would lead to a synthesis. Rather we suggested that the struggle between an idea and its criticism or between a thesis and its antithesis would lead to the elimination of the thesis (or, perhaps, of the antithesis) if it is not satisfactory; and that the competition of theories would lead to the adoption of new theories only if enough theories are at hand and are offered for trial« (314).

Diese harte Absage an die Dialektik schwächt Popper kurz darauf nochmals etwas ab, indem er einräumt: »Admittedly it happens very frequently, perhaps usually, that the development of a certain branch of human thought starts with one single idea only. If so, then the dialectic scheme may often be applicable because this thesis will be open to criticism and in this way ›produce‹, as dialecticians usually say, its antithesis« (314). Aber trotzdem warnt er kurz danach vor allzu großen Zugeständnissen: »We have to be careful to admit too much« (315). Denn selbst wenn eine Synthese erreicht werden kann, wäre es nach Popper eine zu oberflächliche Beschreibung dieser Synthese, wenn von ihr behauptet würde, daß sie die *besseren* Momente sowohl der These als auch der Antithese ›bewahre‹, weshalb er diese Beschreibungsarten vorwiegend für ein bloßes Spiel mit Worten, »a mere playing with words« (323), hält.

Vor allem fürchtet Popper, die Dialektik würde den Widerspruch verharmlosen, was einer rationalen Argumentation jede Basis rauben würde. Und dagegen hat er als Logiker vehement anzugehen. Die Dialektiker schließen nach Popper fälschlich aus der Nützlichkeit von Widersprüchen – sofern diese zu ihrer Vermeidung erkannt werden können oder als Organon der Kritik in Frage kommen – darauf, daß grundsätzlich keine Anstrengungen zur Vermeidung von Widersprüchen gemacht werden müßten; ja, mehr noch, daß Widersprüche gar nicht vermieden werden könnten, da diese überall in der Welt vorkämen. »Having thus correctly observed that contradictions ... are extremely fertile, and indeed the moving forces of any progress of thought, dialecticians conclude – wrongly as we shall see – that there is no need to avoid these fertile contradictions. And they even assert that contradictions cannot be avoided, since they occur everywhere in the world« (316).

Popper sträubt sich gegen den Anspruch von seiten der Dialektiker (wie er sie interpretiert), die Dialektik würde zu einer neuen und umfassenderen Logik führen und zugleich eine Theorie der Logik *und* der Welt liefern. Diese Ansprüche gehen ihm entschieden zu weit und entbehrten jeder Grundlage: »These are tremendous claims, but they are without the slightest foundations« (316).

Demgegenüber betont Popper, daß die Dialektik nicht die geringste Ähnlichkeit mit der formalen und rationalen Logik habe, da letztere, wenn auch nur grob, aber immerhin für Erkenntniszwecke gut genug, als deduktive Theorie bezeichnet werden kann, was sich von der Dialektik nicht im mindesten behaupten läßt. »I shall only say that our analysis does not lead to the conclusion that dialectic has any sort of similarity to logic. For logic can be described – roughly, perhaps, but well enough for our present purposes – as a theory of deduction. We have no reason to believe that dialectic has anything to do with deduction« (322). Deshalb ist sie für Popper eine bloß deskriptive Theorie ohne erkenntnistheoretischen Wert: »It is not a fundamental but merely descriptive theory« (323). Von anderen Wortspielereien unterscheide sie sich in nichts.

Mit seinen weiteren Ausführungen zur Geschichte der Dialektik *nach* Hegel macht Popper deutlich, daß er den ganzen Angriff gegen diese seiner Sicht nach unphilosophischen Positionen unter der retrospektiven Betrachtung von Marx aus führen wollte, dessen ›dialektischer Materialismus‹ nun in der Tat nichts mit der Hegelschen Dialektik-Auffassung zu tun hat, sondern die Plattform für eine Klassenkampftheorie ausmacht. Die zugegebenermaßen äußerst schwierige Philosophie Hegels ist vor allem von den Linkshegelianern (Feuerbach, Marx, Engels, Bakunin,

Trotzki u. a.) drastisch verzerrt worden, was man jedoch schwerlich Hegel selbst ankreiden kann.

Zwar spricht Hegel von der Dialektik als von der »Bewegung des *Begriffs* selbst«[12], aber sie ist für ihn keine »bloß *äußerliche* Form«[13] und schon gar nicht eine ›Automatik‹, sondern eher verwandt mit der alle Rationalität umgreifenden Leistung des Intellekts (›intellectus‹) im Sinne des Cusanus, dessen Philosophie Popper – wie bereits erwähnt (vgl. auch die Schlußbetrachtungen) – besonders schätzt, obwohl man ihn auch einen Vorläufer der Dialektik nennen kann. Allerdings nicht des ›dialektischen Materialismus‹ im Sinne von Marx und Engels!

TEIL II

Zur Praxis des Kritischen Rationalismus

4. KAPITEL

Gewißheit der Zukunft?
(Das Elend des Historizismus)

Bereits aus der Widmung des Buches ›Das Elend des Historizismus‹ geht hervor, daß hier mit großem Engagement der Versuch unternommen wird, eine philosophisch-erkenntnistheoretische Methode zur politisch-praktischen Anwendung zu bringen: »Dem Andenken ungezählter Männer, Frauen und Kinder, aller Länder, aller Abstammungen, aller Überzeugungen, Opfer von nationalistischen und kommunistischen Formen des Irrglaubens an unerbittliche Gesetze eines weltgeschichtlichen Ablaufs.«

Wie Poppers theoretisches Werk (Logik der Forschung; Die beiden Grundprobleme der Erkenntnistheorie) vor der Verführung durch unkritische Übernahme von Irrtümern warnt, so geht es in seiner ›Historizismus‹-Kritik um die Warnung vor allzu leichtfertigem Akzeptieren politischen Blendwerks, das es der unkritischen (faulen) Unvernunft leichtmacht, an eine Allerweltsformel zu glauben. Sowenig es aber in der wissenschaftlichen Erkenntnistheorie endgültige und verallgemeinerbare Weltformeln gibt, so wenig halten die Schlagwortfassaden totalitärer Politik der Überprüfung durch kritisch-rationale Vernunft stand. Und nur bei Ausbleiben entsprechender Kontrolle kann es immer wieder dazu kommen, daß globale Heilslehren aus verschiedenen politischen Lagern mit ihren leeren Worten ganze Heerscharen unmündiger Bürger mobilisieren können, für die es meist schon zu spät ist, wenn sie begreifen, worauf sie sich eingelassen haben.

Damit es gar nicht erst zu Opfern dogmatischer Ideologien und anmaßender Versprechungen kommen kann, ist eine ständige Aufklärung über die Gefahren erforderlich, die von seiten selbsterklärter Sozialtherapeuten und deren globalen Verordnungen drohen. Woraus die gefährlichen Konsequenzen politischer Verantwortungslosigkeit entstammen, ist Gegenstand von Poppers Engagement für eine kritisch-rationale Demokratie, die es ihren Bürgern nicht so leichtmacht, sich irgendeinem historischen Schicksal passiv zu überlassen, die aber auch dafür sorgt, daß politische Machtanhäufung so offen und korrigierbar verteilt ist, daß die Vermenschlichung der Gesellschaft nicht von der Vergesellschaftung des Menschen verdrängt wird.

Nun wäre es jedoch ein großer Irrtum zu glauben, mit eindeutigen soziologischen oder psychologischen Kategorisierungen wäre ein Fundament für ein klares und sicheres Wissen um *das* Bedürfnis des Menschen schlechthin zu ermitteln, das es dann entsprechend zu regulieren gelte. Gerade die Unauslotbarkeit des Individuellen verweigert jeglichem sich verabsolutierenden und verallgemeinernden Zugriff die pauschale Rubrizierung in fertige Schubladen, weshalb Popper auch diesbezüglich auf die viel größere Kraft des Nichtwissens im Gegensatz zur hypertrophen Allwissenheitsanmaßung hinweist. »Anstatt soziologische Überlegungen auf die scheinbar feste Grundlage der Psychologie der menschlichen Natur zurückzuführen, könnten wir sagen, daß der menschliche Faktor *das* letztlich ungewisse und unberechenbare Element im gesellschaftlichen Leben und in allen sozialen Institutionen ist. In ihm haben wir wirklich das Element vor uns, das letztlich von den Institutionen nicht vollkommen beherrscht werden *kann*« (124). Das In-dividuelle ist – wie der Name schon sagt – das Un-teilbare und damit das Unverallgemeinerbare, wenn es auch in einer Gemeinschaft (aber eben von Individuen, nicht von Rubriken) lebt, in der es einer Gleichheit vor dem

94

Gesetz bedarf. Diese auf Rechtssicherheit beruhende Gleichheit vor dem Gesetz hat jedoch nichts mit Gleichschaltung oder Gleichmacherei zu tun, da in einer Demokratie die individuell verschiedenen Bürger in Freiheit an der von ihnen selbst gewählten Rechtsform partizipieren, die ihnen in gleichem Maße ihr Recht garantiert. Und nur dieses frei gewählte, institutionalisierte Recht (einschließlich des Rechts auf seine Abänderbarkeit) gilt allgemein für alle verschiedenen (individuellen) Mitglieder der sozialen Gemeinschaft. »Letztlich hängt der Fortschritt in sehr hohem Maße von politischen Faktoren ab, von politischen Institutionen, welche die Gedankenfreiheit garantieren: von der Demokratie« (121).

Jede Einschränkung von Freiheit hingegen, die nicht selbst gesetzt bzw. gewählt (d. h. nicht ›auto-nom‹) ist, ist eine äußerliche (›hetero-nome‹) Gewalt, gegen die aufgeklärte und autonome Bürger sich zur Wehr zu setzen berechtigt sind. Zu solchen heteronomen ›Gesetzlichkeiten‹ gehören etwa auch alle Mythen von der geschichtlichen Notwendigkeit, die für Popper »der reinste Aberglaube ist und bleibt, wie sehr sie sich auch als ›wissenschaftlich‹ gebärden mag« (VII).

Diesen ›Aberglauben‹ an die historische Entelechie (als der Vorstellung eines geschichtsimmanenten Bewegungsgesetzes oder als göttlicher Planwirtschaft) bezeichnet Popper als ›Historizismus‹, dessen Elend er schon aus Gründen persönlicher Erfahrung mit großer Vehemenz und engagierter Kritik aufzeigt. Unter »dem Eindruck des ersten Weltkrieges und der kommunistischen Mythologie von der bevorstehenden Weltrevolution« (VII) entstanden die frühen, ersten Aufzeichnungen zu diesem Thema, das in Vortragsversion viele Jahre vor Erscheinen des Buches fertiggestellt wurde.

Zu den ersten Hörern dieses Vortrags (den Popper in privatem Kreis in Brüssel 1936 hielt) gehörte Dr. Karl Hilferding, der »nach der deutschen Invasion in Belgien im Jahre 1940 ein Opfer der Gestapo und des historizistischen Aberglaubens des Dritten Reiches [wurde]. Seine Mutter und seinen Vater traf ein ähnliches Schicksal« (VII). Diese Tragik gehört ebenso zu der Geschichte des Buches wie der Umstand, daß dem Thema erst spät öffentliches Interesse entgegengebracht wurde; »zum Teil deshalb, weil mein Manuskript von der Zeitschrift ›Mind‹, der ich es zuerst einreichte, abgelehnt wurde, was mich etwas entmutigte« (VII).

Professor v. Hayek war es dann, der das Manuskript (leicht gekürzt) in den beiden letzten Jahren des Zweiten Weltkriegs in der Zeitschrift ›Economica‹ zur Publikation brachte. Damals dachte Popper noch nicht an eine Buchausgabe, »aber Professor di Fenizio, der die Arbeit in italienischer Sprache zuerst in einer Reihe von Artikeln abdruckte, gab sie dann 1954 auch in Buchform heraus« (VIII), bevor der Text nach und nach auch auf französisch und englisch (1957) erschienen ist. Bis zur deutschen Buchausgabe (1965) wurde das Werk erst dem amerikanischen, arabischen, holländischen, japanischen, norwegischen und spanischen Publikum zugänglich gemacht, worauf Popper kommentarlos (vielsagend) in seinem Vorwort hinweist (VIII).

Sein besonderes Augenmerk richtet Popper in dieser Arbeit auf die pseudo-wissenschaftlichen, pseudo-historischen und mythologischen Einstellungen der Geschichtsphilosophen, von denen er namentlich Marx und Spengler kritisch im Visier hat. Der Titel des Buches ist als eine Anspielung auf ›Das Elend der Philosophie‹ gedacht, mit der Marx eine Antwort auf Proudhons ›Philosophie des Elends‹ geben wollte, was jedoch »außerhalb marxistischer Kreise weitgehend in Vergessenheit geraten« (VIII) scheint. (In seinem Vorwort zur englischen Ausgabe aus dem Jahr 1959 erinnert Popper deshalb nochmals ausdrücklich daran, daß »einige der verständnisvollsten Rezensenten dieses Buches ... seinen Titel merkwürdig und unerklärlich gefunden [haben]«, XIII.)

In politischer Hinsicht trifft Poppers ›Elend des Historizismus‹ den Nagel des kritisch-rationalen Liberalismus auf den Kopf und treibt diesen in die erkenntnistheoretische Dimension hinein, wie sie von ihm bereits zuvor gegen die positivistische Position der induktiven Verifikation ausführlich beschrieben (und kritisch destruiert bzw. falsifiziert) wurde. Eine der Kernaussagen im Vorwort lautet: »Wenn wir die Welt nicht wieder ins Unglück stürzen wollen, müssen wir unsere Träume von der Weltenbeglückung aufgeben« (VIII), womit jedoch keinem pessimistisch-resignativen Verzicht auf demokratisches Engagement das Wort geredet, sondern nur den sozialtherapeutischen Höhenflügen nach Utopia der Riegel vorgeschoben werden soll. Utopie bleibt in jedem Fall wörtlich – d. h. ortlos –, selbst wenn sie als noch so ›konkret‹ oder ›real‹ propagiert wird; dann wäre sie eben konkret oder real unmöglich, was an der politischen Traumtänzerei nichts zu ändern vermag.

Verzicht auf utopische Ideen mit dem Traum, das Himmelreich auf Erden realisieren zu können, impliziert mitnichten eine passive Status-quo-Ratifizierung, sondern läßt im Gegenteil den Blick dafür frei, was (real und konkret) getan werden kann, wenn man sich nicht in das Schicksal eines vorher determinierten Weltenplanes fügt und nur noch hofft, daß man die (von wem auch immer) versprochene Revolution noch miterleben dürfe. Verzicht auf handlungslähmende Hoffnungsprinzipien impliziert den prinzipiellen Optimismus zur lohnenden Handlung, die dort etwas bewirkt, wo man weiß, daß Tatendrang gefragt ist anstelle von revolutionären Hoffnungen auf die Selbstheilungskraft der Geschichte. Nach Popper »können und sollen wir Weltverbesserer bleiben – aber bescheidene Weltverbesserer ... immer eingedenk der unvermeidbaren ungewollten Folgen unseres Eingreifens, die wir nie ganz voraussehen können« (VIII f.).

Wie also auf rein erkenntnistheoretischer Ebene aller Fortschritt über hypothetische Fehlschritte zur Bescheidenheit eines bloßen ›Vermutungswissens‹ mahnt, ständig an potentielle Folgeprobleme erinnert, unzulässige Verallgemeinerungen vom Gegenwartswissen auf unmögliches (unprüfbares, zukünftiges) Wissen als Anmaßung entlarvt und damit vor dem Risiko warnt, ein von niemandem vertretbares Terrain der Omnipotenz – oder besser: Omniszienz – zu betreten, so gilt auch im politisch-praktischen Bereich das Prinzip der permanenten Fehlerkorrektur. Hier wie dort müssen die zu vermeidenden Fehler nicht eigens ›empirisch‹ und am eigenen – noch weniger natürlich an einem anderen – Leib ausprobiert werden, denn in beiden Bereichen genügt es, antizipierte Vermutungen auf ihre Implikationen hin zu untersuchen, zu prüfen und gegebenenfalls auszuscheiden, bevor es zu ihrer Anwendung kommt. Man muß nicht jahrelang am Gelingen eines Perpetuum mobile gearbeitet haben, um dessen Unmöglichkeit einsehen zu können, und man muß nicht erst eine – womöglich atomare – Katastrophe ausgelöst haben, um die statistische Wahrscheinlichkeit des Überlebens (bzw. des Nicht-Überlebens) – hier zeigt es sich deutlicher – ›erleben‹ zu können. Genauso wenig bedarf es der Inszenierung einer großen (anderen) Revolution mitsamt dem unüberschaubaren Folgeproblem-Risiko, wenn man etwa wissen will, ob die Revolution jedesmal ihre Kinder frißt, etc.

Je kleiner die Schritte einer sozialen Veränderung ausfallen, desto überschaubarer bleiben die damit verbundenen Risiken, und desto leichter gelingen Korrekturen an ihnen. Dieses Bild mag den Profi-Revolutionär von einer unmutigen Allianz mit dem von ihm vehement verbal bekämpften Status quo reden lassen, aber darüber darf nicht vergessen werden, daß ständige (kleine) Änderungen am sicherlich

immer korrigierbaren Ist-Zustand letztlich mehr zu erreichen versprechen als alle Versprechungen von einem Paradies. Denn »die Hybris, die uns versuchen läßt, das Himmelreich auf Erden zu verwirklichen, verführt uns dazu,
unsere gute Erde in eine Hölle zu verwandeln – eine Hölle,
wie sie nur Menschen für ihre Mitmenschen verwirklichen
können«, was vielleicht besonders dann aktuell klingt,
wenn man sich vergegenwärtigt, daß Popper diese Äußerung vor mehr als zwanzig Jahren in seinem Vorwort geschrieben hat (VIII).

Dieser ›Hybris‹ hält er sein theoretisch bewährtes Konzept entgegen, »dauernd nach Fehlern zu suchen und frühzeitig kleine oder beginnende Fehler zu korrigieren« (IX),
was nur durch aktive Handlungsbereitschaft im Reich der
Notwendigkeit bewerkstelligt werden kann, das zugleich als
Reich der Freiheit erfahrbar wird, solange man dieses in keine utopische Transzendenz verlagert: »Die kritische Einstellung ist Pflicht. Alles andere ist Größenwahnsinn oder
Verantwortungslosigkeit; auch dann, wenn es von den besten Absichten geleitet ist« (IX). Damit sieht er die gefährlichen Konsequenzen einer – für sich betrachtet – wichtigen
Voraussetzung. Es bedarf zwar guter Absichten und zweck-
mäßiger Ideen für die Beseitigung von Leid und Übel, aber
solche Absichten und Ideen dürfen nicht verabsolutierend
verallgemeinert werden, sondern erfordern ebenfalls (wie
theoretische Hypothesen in der Wissenschaft) eine kritische
Diskussion, eine gründliche Überprüfung und notfalls sogar eine Korrektur, die bis hin zum vollständigen Ersatz
durch geeignetere Vorschläge und bessere Konjekturen reichen kann.

Popper wird nicht müde, seinen epistemologischen Kern-
gedanken von der Unmöglichkeit positiver Auszeichnung
(›via verificationis‹) und der damit verbundenen Erfordernis
zu Wachsamkeit und Kritik (›via falsificationis‹) auch in
praktischer (politischer) Hinsicht zu betonen, um ihn gegen

alle besserwisserischen Heilslehren abzugrenzen. Er weiß –
aus eigener Erfahrung – nur zu gut um die Vielfalt an politischen Irrlehren und um die Fehler, die selbstverständlich
auch in einer freien Demokratie immer wieder passieren
und gemacht werden; er ist Realist genug, den Menschen
nicht für unfehlbar zu halten, eine Demokratie nicht allein
aufgrund mangelnder (besserer) Alternativen gleich als sakrosankt einzustufen. Aber »Demokratie ist keine Heilsleh-
re, sondern nur eine der notwendigen Voraussetzungen, die
es uns möglich machen, zu wissen, was wir tun« (IX), was
hier natürlich nur heißen kann, zu wissen, daß jede Art von
Anmaßung über das hinausreicht, was gewußt werden
kann. »Wohl sollen wir denen vergeben, die nicht wissen,
was sie tun; aber es ist unsere Pflicht, alles zu tun, um zu
wissen« (IX), was bekanntlich nur durch ständiges Bemühen um Versuch und Irrtum, Kritik und Fehlerausmerzung
erreichbar ist.

Der Kardinalfehler in allen politischen Bemühungen, soziologischen und historischen Betrachtungen liegt für Popper in der Reduktion von Tendenzen und relativen Trends
auf allgemeine Entwicklungsgesetze, die »die Grundlage
von unbedingten Prophezeiungen« (101) bilden. Solche
Vorstellungen von Sukzessionsgesetzen zeichnen sich nicht
allein durch abergläubische Spekulationen aus, die der Geschichte eine eigene Subjektivität, Aktivität und Kreativität
zutrauen, sondern auch durch irrationales Vertrauen und
durch Hingabe an eine scheinbar historische Eigengesetz-
lichkeit, der gegenüber man sich geradezu aufgefordert sehen könnte, als Verbalrevolutionär in Passivität zu versin-
ken, bis die Geschichte von sich aus dorthin läuft, wo sie mit
der ihr unterstellten ›Notwendigkeit‹ ihr Endziel findet.
»Das Elend des Historizismus, könnte man sagen, ist das
Elend der Phantasielosigkeit. Der Historizist kritisiert un-
aufhörlich jene kleinen Geister, die sich einen Wandel ihrer
Welt nicht vorstellen können. In Wirklichkeit scheint aber

dem Historizisten selbst die Phantasie abzugehen, denn er kann sich keinen Wandel in den Bedingungen des Wandels vorstellen« (102).

Poppers Kritik des Historizismus ist in vier Abschnitte gegliedert, die ihrerseits wieder auf zwei Unterscheidungen zurückgehen. So wird zum einen von einer »pronaturalistischen Doktrin« (29 ff.) gesprochen, wo der Historizismus »die Anwendung physikalischer Methoden in den Sozialwissenschaften befürwortet« (2), und von einer »antinaturalistischen Doktrin« (5 ff.), sofern die Unterstellung einer Selbstgesetzlichkeit der Geschichte auch ohne die Anlehnung an physikalische Vorbilder auskommt. Sowohl die positiv an der Physik orientierte (pronaturalistische) als auch die negativ physikalisch ausgerichtete (antinaturalistische) Sichtweise der Soziologie werden relativ neutral in ihren Kernaussagen und Hauptschwerpunkten vorgestellt, bevor beide Perspektiven mit je einem Kapitel Poppers Kritik unterzogen werden. Ihr gemeinsames Moment – für das Popper den Terminus ›Historizismus‹ geprägt hat – liegt in der Annahme, daß die historische Voraussage das primäre Ziel der Sozialwissenschaften sei »und daß sich dieses Ziel dadurch erreichen läßt, daß man die ›Rhythmen‹ oder ›Patterns‹«, die ›Gesetze‹ oder ›Trends‹ entdeckt, die der geschichtlichen Entwicklung zugrunde liegen« (2).

Die antinaturalistische Auffassung des Historizismus ist in erster Linie dadurch gekennzeichnet, daß sie einem intuitiven Geschichtsverständnis hermeneutisch ›qualitativer‹ Art das Wort redet, um sich dadurch von Kausalerklärungen der naturwissenschaftlichen Methode abzuheben. Das soziale Gefüge läßt sich dieser Betrachtung zufolge nicht in mathematischen Formeln ausdrücken, sondern nur in »einem intimen Verstehen gesellschaftlicher Phänomene« (16) durch Einfühlung erschließen, um auf diese Weise den ›Volkscharakter‹ oder den ›Weltgeist‹ aufzuspüren (vgl. 17). Kurz, »die Sozialwissenschaften kennen nichts, das den mathematisch formulierten Kausalgesetzen der Physik vergleichbar wäre« (20). Folglich lassen sich dieser Geschichtsauffassung gemäß auch nicht die gesellschaftlich ›qualitativen‹ Phänomene und Entitäten auf quantitative Weise ausdrücken, messen, bestimmen und beweisen, weshalb es einer internen ›Wesensschau‹ bedarf, die Popper als »methodologischen Essentialismus« (23) bezeichnet.

Dazu gehören alle ›Was-ist?-Fragen‹, die nach der innersten Substanz bzw. Essenz suchen sollen. Und wer das Substantielle eines qualitativen Phänomens zu bestimmen vermag, dem gelingt damit auch die Auszeichnung des Akzidentiellen (als des Marginalen, des Äußerlichen) und damit des zu Vernachlässigenden. Wer etwa glaubt zu wissen, was *die* Persönlichkeit des Menschen ausmacht, dem fällt es auch nicht schwer, *die* Bedürfnisse festzulegen, die dem Menschen ›wesentlich‹ (essentiell) sind, womit auch schon gesagt ist, was er als pure Scheinbedürfnisse aufzufassen hat (aus einem ›falschen Bewußtsein‹ heraus etc.).

Die demgegenüber als ›pronaturalistisch‹ skizzierte Doktrin des Historizismus setzt auf eine kausal erklärbare Soziologie und leitet daraus ein universalisierbares, streng mechanisch klapperndes Modell ab, demzufolge Langzeitprophetien und Großprognosen auf der Basis empirischer Faktenanalyse möglich seien. »Die Soziologie wird so für den Historizisten zu einem Versuch, das alte Problem der Vorhersage der Zukunft zu lösen, und zwar nicht so sehr der des Individuums wie der von Gruppen und der gesamten Menschheit« (34), womit »die soziologische Forschung ... zum wichtigsten Instrument einer weitblickenden praktischen Politik werden könnte« (35).

Der antinaturalistische Historizist leugnet also jegliche Analogie zur physikalischen Gesetzlichkeit, und der pronaturalistische Zukunftskenner stützt seine Prophetien gerade auf die der naturwissenschaftlichen Methode entlehnte

Verfahrensweise (mit entsprechend induktiv verifizierender Faktenverallgemeinerung). Ersterer nimmt nach Popper für sich einen privilegierten Standpunkt für die Sicht der – ›essentiell‹ bestimmbaren – Dinge ein, indem er hermeneutisch-instinktiv den Weg des Weltgeistes vorauszusehen vorgibt. Letzterer sieht sich auf der Seite der empirisch ›exakten‹ Naturwissenschaft und deutet alle sozialen Veränderungen nach kausal progredierenden Sukzessionsgesetzen, die auch dann nach dem Vorbild der Physik interpretiert werden, wenn der mechanisch gedachten Gesellschaftsbewegung zyklische Wiederholungsphänomene eingeräumt werden.

Wenn sich für beide – vielleicht etwas zu kontrastiv gezeichneten – Perspektiven auch eine jeweils spezifische ›Kritik der antinaturalistischen Doktrinen‹ (45–82) bzw. ›Kritik der pronaturalistischen Doktrinen‹ (83–126) anführen läßt, so ist es doch in erster Linie das den beiden Aspekten gleichermaßen zukommende Moment der unheiligen ›Allianz mit dem Utopismus‹ (vgl. Kap. 22; 57–60), das Popper ins Fadenkreuz seiner grundlegenden Kritik am Historizismus rückt. Hierbei macht es für ihn keinen kardinalen Unterschied, ob die historizistische ›Irrlehre‹ sich von einem pessimistischen – und auf den ›Untergang des Abendlandes‹ eingerichteten – Mythos (in dessen Zusammenhang er Platon, Machiavelli und Spengler sieht; vgl. 59, 86) leiten läßt oder von einem optimistischen – auf eine ›utopische Idealgesellschaft‹ ausgerichteten – Aberglauben (in dessen Verbindung er Spencer und Marx nennt; vgl. 59).

Ob pro- oder antinaturalistisch, ob pessimistisch oder optimistisch, »das stärkste Bindeglied in dem Bündnis zwischen Historizismus und Utopismus ist zweifellos die holistische Einstellung, die beiden gemeinsam ist. Den Historizismus interessieren nicht Teilaspekte, sondern die Entwicklung der ›Gesellschaft als Ganzes‹« (59).

Solche Holismen – als Generalstabspläne für eine globale Zukunftsprophetie – sind Popper äußerst suspekt, weshalb er diesen ein eigenes Kapitel unter der Überschrift ›Kritik des Holismus‹ (61–66) widmet. Darin verweist er auf das grundsätzlich selektive Vorgehen aller wissenschaftlichen (und nichtwissenschaftlichen) Tätigkeiten, das notwendig auf die Isolierung von perspektivischen Phänomenen angewiesen ist – weshalb ja nicht zuletzt das Toleranzprinzip (audiatur et altera pars) die konstitutive Rolle eines jeden Dialoges spielt – und auf den unendlichen Regreß einer ganzheitlichen Gesellschaftsbeschreibung, die nicht umhin könnte, diesen Versuch mit in die Beschreibung aufzunehmen, usw. (vgl. 62, 64).

»Aber die Holisten wollen nicht nur die Gesellschaft als Ganzes nach einer unmöglichen Methode studieren, sie haben auch vor, unsere Gesellschaft ›als Ganzes‹ unter Kontrolle zu bringen und neu aufzubauen« (63). In diesem Zusammenhang zitiert Popper den ›marxistischen‹ Vertreter der radikalen Wissenssoziologie Karl Mannheim, demzufolge »die Macht des Staates wachsen muß, bis der Staat mit der Gesellschaft fast identisch wird«, und bemerkt dazu: »Es ist ziemlich klar, welches Weltbild in diesem Satz zum Ausdruck kommt: das totalitäre« (63).

Historizismus impliziert somit fast eo ipso Holismus, wie Holismus ipso facto Totalitarismus zum Ausdruck bringt. Und solche Auswüchse des Größenwahnsinns sind es, die Popper bekämpft, weil sie »mit dem ›Herumbasteln‹ und ›Fortwursteln‹ unzufrieden [sind]: sie wollen mit radikaleren Methoden arbeiten« (59).

In klarem Gegensatz zu radikalen und totalitären Methoden ist Popper gerade an diesem ›Herumbasteln‹ und ›Fortwursteln‹ (wie er es absichtlich verniedlichend ausdrückt) gelegen, das er in anderer Terminologie auch als »Stückwerk-Technik« (51) bzw. als »piecemeal-engineering«[1] bezeichnet.

Unter ausdrücklichem Hinweis auf W. Lippmanns Werk ›Die Tagesordnung des Liberalismus‹[2] erinnert Popper an sein theoretisches Erkenntnismodell des nur über Fehlschritte erreichbaren Fortschritts und parallelisiert dieses mit seiner Sozialtechnologie des ›piecemeal-engineering‹: »Wie Sokrates weiß der Stückwerk-Ingenieur, wie wenig er weiß. Er weiß, daß wir nur aus unseren Fehlern lernen können« (54). Sollte jedoch ein sozialpolitischer Fehler – um des Holismus willen – so groß ausfallen, daß er nicht mehr korrigierbar ist, kann auch von keinem ›Lernen‹ mehr die Rede sein, weshalb der um den größtmöglichen ›öffentlichen‹ Gebrauch einer ganzheitsgesellschaftlichen Umstülpung bemühte Historizist sich nicht nur übernimmt, was seine Methodologie anbelangt, sondern auch unmöglich die Verantwortung für globale Folgeprobleme übernehmen kann.

Dabei ist sich Popper dessen bewußt, daß »die Holisten die Stückwerk-Methode als zu bescheiden« verwerfen und sich statt dessen lieber dem »notorischen Phänomen der ›ungeplanten Planung‹« überlassen (55). Solchen Risiken gegenüber, die auf unkontrollierten (und unkontrollierbaren!) Aktionismus setzen und dabei voraussetzen, daß die »Endziele menschlichen Tuns als von geschichtlichen Kräften abhängig und daher in seinem Gebiet liegend betrachtet« (52) werden könnten, hält Popper seine Stückwerk-Sozialtechnik mit der ihr methodisch eingebundenen Bescheidenheit entgegen: »Ein solches ›Herumbasteln‹ entspricht nicht dem politischen Temperament vieler ›Aktivisten‹« (54), zu denen er auch Karl Marx zählt, dessen berühmte 11. These über Feuerbach ganz zu Beginn des Buches als Paradebeispiel für hyperaktivistischen Utopismus angeführt wird (vgl. 7): »Die Philosophen haben die Welt nur verschieden interpretiert, es kömmt darauf an, sie zu verändern.« (Eine Veränderung dieser These hat der Gießener Philosoph Odo Marquard vorgeschlagen: »Die Geschichtsphilosophen haben die Welt immer nur verschieden verändert, es kömmt darauf an, sie zu verschonen«[3].)

Auf Marx' Methode, Prophezeiung und Ethik geht Popper sehr ausführlich im zweiten Band seiner ›Offenen Gesellschaft‹ (s. u. S. 122 ff.) ein, weshalb wir hier nur auf zwei Punkte zur berühmt-berüchtigten 11. Feuerbach-These hinzuweisen brauchen: Zum einen zeigt Marx' Interpretation dessen, was er unter ›Interpretation‹ versteht (als dem einzigen, was die Philosophen bis zu ihm selbst geleistet hätten), daß es ihm offenbar nicht ›Änderung‹ genug zu sein scheint, was durch verschiedene Interpretationen der Welt bislang geschehen ist (die zahlreichen ›Kopernikanischen Wenden‹ können hier gar nicht aufgeführt werden[4]). Und zum anderen wird überdeutlich, welch totalitär-holistische Tendenz aus der Forderung hervorgeht, die ganze Welt über die Köpfe von deren individuellen Interpreten hinweg zu verändern. Hier maßt sich ein singulärer Standpunkt mit seiner Perspektive eine universelle Draufsicht (und einen generellen ›Durchblick‹) an, der von keiner individuellen – und erst recht nicht von einer kollektivierten – Verantwortlichkeit gekennzeichnet ist bzw. getragen werden kann.

Denn »der holistische Planer übersieht, daß es zwar leicht ist, die Macht zu zentralisieren, aber unmöglich, all das Wissen zu zentralisieren, welches auf viele Individuen verteilt ist und dessen Zentralisierung zur weisen Ausübung der zentralisierten Macht erforderlich wäre« (71). In einer sehr aufschlußreichen Fußnote hierzu bezieht sich Popper auf die politische Philosophie Spinozas, welche »besagt, daß es unmöglich ist, zu wissen, was andere Menschen denken... Er definiert ›Tyrannei‹ als den Versuch, das Unmögliche zu erreichen und Macht dort auszuüben, wo sie nicht ausgeübt werden kann« (71, Fn. 50).

Die erkenntnistheoretische Anmaßung, mehr als möglich zu wissen vorzugeben, scheint nicht nur der induktiv verifizierenden – und damit positivistischen – Vorgehensweise in den sogenannten ›reinen‹ oder ›exakten‹ Wissenschaften vorbehalten zu sein, sondern besonders üppig in ›praxisorientierten‹ Sozialtheorien (Politik, Soziologie etc.) zu blühen. Zu ganz fatalen Wirkungen kommt es jedoch, wenn eine mißverstandene Methode der Naturwissenschaft als Paradigma für historisch-soziologische Bemühungen herangezogen wird, wie das etwa von seiten der pronaturalistischen Doktrinen geschieht. Denn selbst »die Tatsache, daß alle Naturgesetze Hypothesen sind, darf uns nicht davon ablenken, daß *nicht* alle Hypothesen Gesetze sind und daß insbesondere historische Hypothesen in der Regel nicht universale, sondern singuläre Sätze über ein Einzelereignis oder eine Anzahl solcher Ereignisse sind« (85, Herv. v. Vf.).

Zur Erinnerung an seine induktionskritischen Ausführungen in den (o. g.) wissenschaftstheoretischen Untersuchungen faßt Popper seinen Kritischen Rationalismus in einem Kapitel zusammen, das seiner Überschrift wegen international als ›unity of method‹[5] bekannt geworden ist (vgl. Kap. 29, 102–112: ›Die Einheit der Methode‹). Darin versucht er den Nachweis, daß »all dies nicht nur für die Naturwissenschaften, sondern auch für die Sozialwissenschaften [gilt]« (106), daß also sein methodologisch deduktiv genutztes ›trial-and-error-Verfahren‹ – wenn auch unter gewissen Einschränkungen[6] – mitnichten auf so etwas wie die ›reine Theorie‹ beschränkt zu bleiben braucht, sondern auch ›in der Praxis‹ mit Gewinn zur Anwendung kommen kann.

Dies hat nun jedoch nichts mit einem etwa übersehenen Selbstanwendungszirkel zu tun, demzufolge Popper gegen sein eigenes Verdikt der Generalisierung positiver Phänomene verstieße, sondern leuchtet als Fehler ausmerzendes Ausscheidungsverfahren überall dort ein, wo Kritik am Platz ist und wo mithin eine ›negative‹ (die Kraft der Negation und die Logik als ›Organon der Kritik‹ verwendende)

Methode vor Irrtümern und Mißgriffen, vor Anmaßung und Standpunktaufspreizung zu schützen vermag. Daß dies nicht zuletzt in der Politik als sozialer Praxis vonnöten ist, versteht sich von selbst, wie es auch nicht zu verwundern braucht, daß Poppers Übertragung von der Theorie auf die Praxis gerechtfertigt ist, wenn man sich nur vor Augen hält, daß auch diese Unterscheidung (zwischen Theorie und Praxis) eine theoretische Spezifikation ausmacht, die für alle realistischen Konzepte der Philosophie von Bedeutung ist. Wie sollten sonst Hypothesen an der Erfahrung scheitern können?

Poppers sozialtechnologische Alternative zum historizistisch-holistischen Prophetie-Konzept läßt sich zusammenfassend als undogmatisch liberaler Fortschrittsoptimismus, bezeichnen, der die Hoffnung nicht aufgibt, daß mit dem Aufgeben von uneinlösbaren Theorien und mit der Verabschiedung von unerbittlichen Gesetzen eines welthistorischen Kausalverlaufs auf unblutigere Weise Reformen möglich sind als durch kämpferische Revolutionen. Daß sein Text zu diesem Thema selbst ein wenig kämpferisch-polemisch ausfällt, verträgt sich damit ebensogut wie mit seinem Engagement gegen intolerante Anmaßung, das er in seinen voluminösen Bänden über ›Die offene Gesellschaft und ihre Feinde‹ fortsetzt.

5. KAPITEL

Elend der Utopie

(DIE OFFENE GESELLSCHAFT UND IHRE FEINDE I)

Die beiden recht voluminösen Bände über ›Die offene Gesellschaft und ihre Feinde‹ hat Popper als Ergänzung zu ›Das Elend des Historizismus‹ und als äußerst polemische (und vorwiegend politische) Abrechnung mit den philosophischen Gegnern der Demokratie (wie er sie sieht) konzipiert. »Die systematische Analyse des Historizismus« (vgl. Kap. 4) »zielt auf Wissenschaftlichkeit. Nicht so dieses Werk. In ihm werden viele Ansichten ausgesprochen, die persönlicher Natur sind« (24), bekennt Popper bereits in seiner Einleitung.

Vor diesem Hintergrund sowie eingedenk der Tatsache, daß die beiden Bände (als teilweise unphilosophische Texte) unter dem Eindruck des Zweiten Weltkriegs geschrieben worden sind, sollte man sich immer vor Augen halten, daß dieses Werk ein radikales Plädoyer für Poppers Demokratie-Verständnis darstellt. Die Philosophen, die Popper hier mit vernichtender Kritik eindeckt, lassen sich aus anderer Perspektive (und mit anderer Zielsetzung) auch ganz anders interpretieren, weshalb er auch gleich zu Beginn darauf hinweist, daß er lediglich »eine Sammlung von Randbemerkungen zur Geschichte gewisser historizistischer Philosophien beschreiben« (22) möchte. Auch gibt er – im zweiten Band (103) – zu verstehen, »daß zum Beispiel meine Behandlung Platons und Hegels unter dem Einfluß von Marx steht«, womit er einen bestimmten Aspekt seiner Interpretation heraushebt, der sich rein retrospektiv ergibt, was zu beachten ist, wenn etwa von Vorläuferschaft politischer Strömungen in bezug auf einzelne Theoretiker die Rede ist.

Seine äußerst gründliche Untersuchung der Marxschen Texte, die er teils würdigt, was ihr intellektuelles Niveau anbelangt, großenteils jedoch in ihrer Unbedachtheit bezüglich historizistischer Prognosefähigkeit kritisiert (vgl. u. S. 122 ff.), steht nicht immer in einem ausgewogenen Verhältnis von Textkenntnis und Problembehandlung, was nicht zuletzt aus der unterschiedlichen Breite (und Tiefe) hervorgeht, die er seinen verschiedenen Gegnern zur Darstellung (und Widerlegung) einräumt. Überdies darf freilich nicht vergessen werden, daß seit Erscheinen der ›Offenen Gesellschaft‹ eine Vielzahl von neueren Untersuchungen und Interpretationen im Umlauf sind, die heute ein anderes Bild – etwa von Platon oder Hegel – vermitteln als 1945.

Vielen interpretatorischen Vorbehalten zum Trotz macht die Lektüre von Poppers »persönlichen Ansichten« zu geschichtsphilosophischen Positionen der Philosophiegeschichte vor allem deutlich, wie stark die vorwiegend aus linkshegelianischen Lagern okkupierte Dialektik zu Verzerrungen geführt hat, die nicht nur Hegel, sondern auch den gesamten Deutschen Idealismus in Mißkredit und Mythologieverdacht hat fallenlassen. Von da aus wird es jedenfalls verständlicher, wenn Poppers Abneigung gegen eine heute weniger verdächtige Epoche dort ansetzt, wo er das Ende der Aufklärung (und damit den Anfang vom Ende) sieht: bei Kant. Ihm ist die deutsche Ausgabe der ›Offenen Gesellschaft‹ gewidmet, aber mit dem ausdrücklichen Vermerk, »welchen Kant der Verfasser meint – nämlich den kritischen Philosophen der Aufklärung und nicht den des deutschen Idealismus« (5).

Die Epoche des Deutschen Idealismus (1781–1831) umfaßt, grob gesagt, die fünf Dekaden zwischen dem Erscheinen der ›Kritik der reinen Vernunft‹ bis zum Tod Hegels, wobei die philosophischen Schriften von Fichte und Schelling (als in diese Epoche fallend) mit dazu gerechnet werden. Wichtig ist dabei, daß Popper offenbar die frühen Schriften Kants (einschließlich seiner ›Kritik der reinen Vernunft‹) ausführlich behandelt, während er die zweite Kritik (die ›Kritik der praktischen Vernunft‹) nur noch sporadisch und die dritte (›Kritik der Urteilskraft‹) überhaupt nicht mehr berücksichtigt. Denn er geht davon aus, daß »kein Name mehr mißbraucht worden [ist] als der Kants« (5), wenngleich er auch einräumt, daß er dieser Philosophie folgt, »so gut sie der Verfasser eben versteht« (5).

In seiner ›Gedächtnisrede‹ zu Kants 150. Todestag (die der deutschen Ausgabe der ›Offenen Gesellschaft‹ vorangestellt und in Poppers bislang letztem Werk, ›Auf der Suche nach einer besseren Welt‹ [vgl. u. S. 137 ff.], erneut abgedruckt ist) betont Popper ausdrücklich: »Kant glaubte an die Aufklärung; er war ihr letzter großer Vorkämpfer. Ich weiß wohl: dies ist nicht die heute übliche Ansicht« (10), bevor er sich von dem absetzt, was er »die romantische Schule des ›Deutschen Idealismus‹, der Schule von Fichte, Schelling und Hegel« (10) – also unter Ausklammerung Kants – nennt.

Popper war sich mithin bei der Abfassung seiner Gedächtnisrede auf Kant bewußt, daß er zur Pointierung seiner erkenntnistheoretischen Interpretation eine themenspezifische Isolierung vornehmen würde, die gegen die ›übliche Ansicht‹ der Philosophie spricht. Diese Vorgehensweise hält er auch im weiteren Verlauf eindrucksvoll durch, zumal er keine umfassende Geschichte der Philosophie von den Vorsokratikern bis Marx zu schreiben beabsichtigte, sondern einen Problembereich in den Vordergrund stellen wollte, der eng mit seiner bisherigen ›Kopernikanischen Wende‹ in der Erkenntnistheorie – einschließlich ihrer Übertragung in die Sozialwissenschaft – verknüpft ist.

Popper teilt Kants berühmten Wahlspruch der Aufklärung, die er mit ihm als »Ausgang des Menschen aus seiner selbstverschuldeten Unmündigkeit« sieht, weshalb er auch den ganzen Passus in Erinnerung ruft: »Unmündigkeit ist das Unvermögen, sich seines Verstandes ohne Leitung eines anderen zu bedienen. Selbstverschuldet ist diese Unmündigkeit, wenn die Ursache derselben nicht am Mangel des Verstandes, sondern der Entschließung und des Mutes liegt, sich seiner ohne Leitung eines anderen zu bedienen. *Sapere aude!* Habe Mut, dich deines eigenen Verstandes zu bedienen!, ist also der Wahlspruch der Aufklärung«[1], woraus Popper folgert, »daß der Leitstern seines [Kants] ganzen Lebens der Kampf um seine geistige Selbstbefreiung war« (11).

Da Poppers Gedächtnisrede auf sehr populäre und allgemeinverständliche Weise einen Einstieg in die grundlegenden Aspekte der Transzendentalphilosophie Kants (bis auf die Probleme seiner ›Kritik der Urteilskraft‹) bietet, sollten wir uns damit näher auseinandersetzen, ehe wir – im 8. Kapitel – auf den Wiederabdruck eingehen. Mit seinem Talent zur verständlichen Ausdrucksweise verweist Popper auf die Bedeutung von Newtons Physik und Himmelsmechanik für Kant, bevor er auf dessen Behandlung von Raum und Zeit (als »reinen Formen der Anschauung«[2]) eingeht: »Raum und Zeit gehören nicht zu der wirklichen empirischen Welt der Dinge und Vorgänge, sondern zu unserem eigenen... Rüstzeug« (14), was nichts anderes besagt, als daß alle Gegenstände der Erfahrung in raum-zeitlicher Ordnung wahrgenommen werden. »Wir können daher Raum und Zeit als ein Ordnungssystem charakterisieren, das sich wohl nicht auf Erfahrung gründet, aber in aller Erfahrung verwendet wird und auf alle Erfahrungen anwendbar ist« (14).

Unter geschickter Umgehung des Kategorien-Problems (und der damit verbundenen Schwierigkeiten bezüglich der ›synthetischen Urteile a priori‹; vgl. o. S. 70) zeigt Popper die Analogie zwischen Anschauungsformen (a priori) und Verstandesformen (a priori) auf: »Die euklidische Geometrie... ist nicht auf Beobachtungen, sondern auf unsere räumliche Intuition, auf unser intuitives Verständnis von räumlichen Beziehungen gegründet. Die Newtonsche Physik befindet sich in einer ähnlichen Situation. Obwohl sie sich in Beobachtungen bewährt, ist sie doch nicht das Resultat von Beobachtungen, sondern von unseren eigenen Denkmethoden: von den Methoden, die wir anwenden, um unsere Sinnesempfindungen zu ordnen...« (15). Damit beschreibt Popper in knappen Worten, was in Kants ›Kritik der reinen Vernunft‹ als die Aufhebung philosophischer Schulstreitigkeiten zwischen reinem Rationalismus und reinem Empirismus gedacht ist und sich bei ihm zu der Formel verdichtet: »Gedanken ohne Inhalt sind leer, Anschauungen ohne Begriffe sind blind«[3].

Das ist in kürzester Ausdrucksweise Kants Hinweis auf die Zusammengehörigkeit von Sinnlichkeit (mundus sensibilis) und Verstand (mundus intelligibilis) bzw. darauf, daß weder rein empiristisch noch rein rationalistisch Erkenntnis zu erlangen ist. Vor allem jedoch, daß »der Verstand... seine Gesetze (a priori) nicht aus der Natur [schöpft], sondern... sie dieser vor[schreibt]«, wonach sich Popper wieder Kant anschließt (15). Diese Stelle – die allerdings aus den ›Prolegomena‹ und nicht aus der ›Kritik der reinen Vernunft‹ stammt[4] (was Popper nicht markiert) – lautet bei Popper noch kürzer und prägnanter: »Unser Kosmos trägt den Stempel unseres Geistes« (16) als die Entsprechung in Kants erster Kritik (»Die Bedingungen a priori einer möglichen Erfahrung überhaupt sind zugleich Bedingungen der Möglichkeit der Gegenstände der Erfahrung«, A 111; bzw. »Die Ordnung und Regelmäßigkeit also an den Erscheinungen, die wir Natur nennen, bringen wir selbst hinein, und würden sie auch nicht darin finden können, hätten wir sie nicht... ursprünglich hineingelegt«, A 125).

Dieser knappe Exkurs zu Kants ›Kopernikanischer Wende‹ in der Philosophie zeigt die Verwandtschaft zu Poppers entsprechender Wende in der Erkenntnistheorie (Falsifikation anstelle von Verifikation) und läßt außerdem den Anschluß an die ›Offene Gesellschaft‹ wiederherstellen, in deren Vorspann das moralische Gesetz Kants von Popper so zusammengefaßt (und als Verbindungspunkt zu seinem Wahlspruch der Aufklärung hervorgehoben) wird: »Wage es, frei zu sein, und achte und beschütze die Freiheit aller anderen« (18).

Die Gedächtnisrede beschließt Popper mit einer Analogie zwischen sokratischer Bescheidenheit und Kants Ethik, derzufolge »jeder Mensch frei ist: *nicht* weil er frei geboren, sondern weil er mit einer Last geboren ist – mit der Last der Verantwortung für die Freiheit seiner Entscheidung« (19).

Dieser wichtige Schlußsatz ist auch die Gelenkstelle, die für Poppers Abrechnung mit den Feinden der offenen Gesellschaft von zentraler Bedeutung ist, denn hinter allem Glanz der Utopie (historizistischer Prägung) liegt das Elend der Utopie (als Freiheitsbedrohung). Poppers Absicht, trotz waghalsiger Interpretationen, kann demnach lauten: Ende der Utopie![5]

Das nach kritischen Gesichtspunkten differenzierte Verhältnis, das Popper gegenüber Kant einnimmt, ist auch gegenüber Platon vorhanden, wenngleich in viel abgeschwächterer Form, was die Breite der Zustimmung anbelangt. Der Untertitel des ersten Bandes seiner ›Offenen Gesellschaft‹ bringt unmißverständlich zum Ausdruck, daß er keine philosophische Hymne auf Platon komponieren will, sondern eine Enthüllung und Demaskierung dessen, was als ›Der Zauber Platons‹ vorgestellt wird. Auch bereitet die Äußerung aus dem Vorwort zur amerikanischen Ausgabe (von 1950) auf einen heftigen Angriff vor, der dann über 400 Seiten hinweg erfolgt: »Ich glaube noch immer an die Notwendigkeit, Platon aufs schärfste zu kritisieren, und zwar gerade deshalb, weil die allgemeine Verehrung des ›göttlichen Philosophen‹ in seiner überwältigenden geistigen Leistung eine wirklich ernsthafte Grundlage besitzt« (7).

Dieser Hinweis ist bei weitem nicht ausschließlich ironisch gemeint, denn am Ende des dritten Kapitels (über ›Platons Ideenlehre‹, 43–63) stellt sich Popper selbst mit auf die ›ernsthafte Grundlage‹ und reiht sich dadurch ein in die ›allgemeine Verehrung‹, wenn er bekennt: »Ich bewundere vieles an Platon, besonders jene Teile seines Werkes, die meiner Meinung nach unter dem Einfluß des Sokrates verfaßt wurden« (63). In einer Briefstelle (an den Vf. vom 14. 3. 1978) geht er sogar noch weiter und betont: »Sie sollten Platons Apologie des Sokrates lesen – eines der schönsten Sokratischen Gespräche«[6], woraus hervorgeht, daß nur ein bestimmter Aspekt aus dem Gesamtwerk des Sokrates-Schülers von Athen herausgegriffen und attakkiert werden soll. Allerdings finden sich auch keine wohlwollenden Bemerkungen – über die genannten hinaus –, die sich mit dem von der Kritik auszunehmenden Rest (in vergleichbarer Weise zur Gedächtnisrede auf Kant) befassen.

Nach einer kurzen Schilderung der historischen Umstände, in denen Platon gelebt hat – der Peloponnesische Krieg dauerte bereits vier Jahre und war erst weitere 24 Jahre nach Platons Geburt zu Ende –, untersucht Popper dessen Ideenlehre. Vor dem mythengeschichtlichen Hintergrund zeichnen sich bereits die historizistischen Konturen ab, die dann im Zentrum der äußerst kritischen Betrachtung stehen. Aber Popper unterbricht sich auch immer wieder mitten im Text und möchte es »ganz klar machen, daß ich mich bei der Behandlung Platons auf seinen Historizismus und auf seinen ›besten Staat‹ beschränken werde. Der Leser darf daher nicht eine Darstellung der gesamten Platonischen Philosophie oder eine ›gerechte und billige‹ Behandlung des Platonismus erwarten« (62). Seine primäre Absicht ist es vielmehr, »die totalitäre Tendenz in Platons politischer Philosophie... zu analysieren und zu kritisieren« (63).

Aber auch nicht ausschließlich politische Platon-Exegese mit rundweg negativen Insignien macht den Inhalt des umfangreichen Textes aus, sondern eine Kontrastierung der zur Kritik herangezogenen Exzerpte mit eigenen Alternativen für eine liberal-demokratische Gesellschaftsordnung, die Popper bereits in seinem ›Elend des Historizismus‹ – als ›Stückwerksreform‹ – vorgestellt hat (vgl. o. Kap. 4).

In erster Linie bedeutet das, was Popper unter Stückwerksreform oder Sozialtechnik versteht, eine Absage an alle diejenigen Glaubensartikel, die der Geschichte selbst eine aktive Subjektsrolle zusprechen, als habe der historische Ablauf uns in die Objektseite gedrängt, von der aus nur noch passive Zuschauer- und rezeptive Gehorsamsdienste den Kräften gegenüber möglich seien, die mit kosmischem Ausmaß und historischer Notwendigkeit über die Individuen einer jeden Gemeinschaft hinwegrollen. Solche Vorstellungen sind in zweierlei Richtungen möglich: Entweder strebt der Gang der Geschichts-Natur immer weiter zur subjektunabhängigen Meliorisationsgesellschaft, wobei er natürlich Opfer fordernde Spuren hinterlassen muß, oder die historische Tendenz (mit ihrer eigengesetzlichen Dynamik) geht in Richtung Verfall im Sinne eines Abfallens von ursprünglich idealer Vollkommenheit, wobei der von den Übeln der Veränderung freie Staat als geordneter Kosmos erscheint und gegen das drohende Chaos der Variation geschützt zu werden verdient.

Rein formal sind beide Vorstellungen historizistischer Art, wenngleich sie sich inhaltlich diametral entgegenstehen; ihre formale Gleichgültigkeit – bzw. ihr gleicher Anspruch auf strenggesetzliche Gültigkeit – besteht darin, daß ein geschichtsimmanenter Plan präsupponiert wird, der sich nach eigenem Entwurf entfalte.

Nach Popper nimmt Platon an, »daß jedem gewöhnlichen und verfallenden Gegenstand ein vollkommener Gegenstand entspricht, der nicht dem Verfall ausgesetzt ist. Dieser

Glaube an vollkommene und unwandelbare Dinge, den man gewöhnlich die Theorie der Formen oder Ideen, kurz ›Ideenlehre‹ nennt, wurde die zentrale Lehre seiner Philosophie« (47).

Nach dem Vorbild der unveränderlichen Ideen als den ewigen Urprinzipien könnte auch ein Staat konzipiert sein, dessen Verfall nur durch Fernhalten aller Veränderung verhindert werden kann. Zumindest sieht Popper bei Platons Staatsphilosophie eine solche Ausdehnung der Urbild-Gedanken auf den politischen Sektor am Werk, die er als »methodologischen Essentialismus« bezeichnet, da es das Ziel einer solchen Theorie sei, »Wesenheiten zu enthüllen« (60). Wer jedoch glaubt, zum Wesen der Dinge – ob theoretischer oder politischer Art – vordringen zu können, der setzt eine Wahrheitstheorie voraus, die der Popperschen diametral entgegengesetzt ist. Denn einer solchen Auffassung zufolge wäre eine ein für allemal als wesentlich erkannte Wahrheit das Paradigma des Dogmatismus, der keine Kritik und keine Veränderung, keine Reformen und keine Verbesserungen mehr zuließe.

Ganz im Sinne seiner Theorie des Kritischen Rationalismus ist Popper auch in der politischen Praxis fern davon, endgültig ermittelbare Definitionen und Offenbarungen anzuerkennen, weshalb er dem ›methodologischen Essentialismus‹ und der damit verbundenen intuitiven Wesensschau »seinen Widerpart, den methodologischen Nominalismus« (60) gegenüberstellt. Aus dieser Sicht heraus wird nicht die unerreichbare Lösung für die Aufgabe gesucht, die wahre Natur der Dinge ausfindig zu machen, sondern nur eine rational nachvollziehbare – und das heißt immer auch, kritisierbare – Erklärung für vorliegende Probleme zu formulieren, bei der »die Worte... für Hilfswerkzeuge zur Durchführung dieser Aufgabe und nicht für Namen von Wesenheiten« (61) gehalten werden. Dabei zieht er »den bescheidenen Grad von Genauigkeit... dem prätentiösen

Wirrwarr bei weitem vor«, der prinzipiell Zuflucht bei unbeweisbaren Wahrheitsquellen nehmen müßte, die nicht nur »unzulänglich, sondern geradezu schädlich« seien (63).

Überdies gibt Popper zu bedenken, daß »der methodologische Nominalismus heutzutage in den Naturwissenschaften ziemlich allgemein akzeptiert« (61) ist, während die »Probleme der Sozialwissenschaften noch immer... mit essentialistischen Methoden behandelt« werden, was seiner Meinung nach »einer der Hauptgründe ihrer Rückständigkeit« ist (61).

Nach dieser Skizze über den Mythos vom Ursprung und Schicksal als der spekulativen Folie für den metaphysischen Rahmen von Platons Theorie der sozialen Realität – mit der Popper an seine früheren Arbeiten erinnert – wird das Problem der ›Ruhe und Veränderung‹ bei Platon dahingehend beschrieben, daß »die Veränderung von Übel, die Ruhe aber göttlich« (66) ist. Demnach müsse jede existierende Gesellschaft in ihrer primitiven Form als defizienter Modus des Idealstaates angesehen werden, der nun seinerseits, als der ›beste aller möglichen Staaten‹ (d. h. idealiter) »ein Königtum der weisesten und gottähnlichsten Menschen« (70) ausmachen müsse, an dem mehr oder minder die an der Idee teilhabenden Erscheinungen realer Gesellschaften gemessen werden könnten. Die Utopie, die sich hier verbirgt, gilt somit als immer schon partiell erreicht, weshalb es nur noch einer entsprechenden Rekonstruktion bedürfe, dem – selbstverständlich statischen und unveränderlich gültigen, wahren, ja sogar göttlichen – Urbild näherzukommen. Und hierzu sind Maßnahmen zu treffen erforderlich, die alle der historizistischen Rekonstruktion entgegenlaufenden (z. B. kritischen) Kräfte nicht nur in Schach zu halten, sondern auch zu vernichten vermögen.

Darin zeigt sich das Gegenteil von Poppers Auffassung der Wahrheitsannäherung durch Kritik, die er als liberale Theorie (die sich mit stets offenen Diskussionsangeboten ohne absoluten Sicherheitsanspruch begnügt) dem nach fertigen Plänen am Reißbrett entworfenen Staatsmodell entgegenhält, wie er es bei Platon erkennt.

Im Anschluß an diese Erläuterungen, die auch den Hinweis enthalten, daß nirgends bei Platon »die geringste Andeutung dafür zu finden [sei], daß die Institution der Sklaverei abgeschafft oder abgemildert werden soll« (79), kommt Popper in einem Kapitel über ›Natur und Konvention‹ auf eine von ihm vorgeschlagene Differenz zwischen »naivem Monismus« und »kritischem Dualismus« (94) zu sprechen, die darin besteht, daß ersterer aufgrund seiner Vermischung zwischen natürlichen und normativen Gesetzen »charakteristisch für die geschlossene Gesellschaftsordnung« ist und sowohl konventionelle als auch natürliche Regelmäßigkeiten für unabänderlich hält (vgl. 94). Demgegenüber betont er die Reflexion des ›kritischen Dualismus‹ als des Wissens um die menschliche Verantwortung für die selbstgesetzten Normen und um deren Offenheit für zumindest potentielle Kritik. Während »die Natur . . . aus Tatsachen und Regelmäßigkeiten [besteht] und an sich weder sittlich noch unsittlich [ist]«, gilt es zu beachten, daß »wir es sind . . .«, mit denen Verantwortlichkeit in die Welt gebracht wird, für die somit keine Natur und erst recht keine Geschichte (als unbelangbares Subjekt) zur Rechenschaft gezogen werden können (vgl. 96). »Der kritische Dualismus betont also die Unmöglichkeit einer Reduktion von Entscheidungen oder Normen auf Tatsachen« (98), weshalb es unmöglich ist, normative Sätze oder Vorschläge aus Tatsachen abzuleiten.

Platon dagegen wirft er vor, dem naiven Monismus das Wort zu reden, indem dieser den »Staat als eine Art Superorganismus, als Leviathan« (118) betrachte. Aus einer solchen Perspektive ist es dann nur folgerichtig – aber auch folgenschwer –, wenn dadurch ein moralischer Holismus erwächst, der nach dem Motto »Du bist um des Ganzen willen geboren, nicht das Ganze um deinetwillen« (120) die individuelle Sphäre einebnend verfährt.

Mit der Verteidigung des selbstverantwortlichen und jederzeit zur Kritik an staatlichen Freiheitseinschränkungen aufgeforderten Individuums gegen kollektivistische und totalitäre Tendenzen beschließt Popper sein Kapitel über ›Platons politisches Programm‹ im Übergang zur Schilderung des Führerprinzips (Kap. 7), wobei er ein Motto von Platon voranstellt: »Der Weise soll führen und herrschen, und der Unwissende soll ihm folgen« (169).

Anstatt die Frage danach zu stellen, in welche Führungshände die Geschicke eines Staates gelegt werden sollten, zieht Popper die auf demokratische Abwählbarkeit ausgerichtete Fragestellung vor. Dabei verwendet er folgende Formulierung: »Wie können wir politische Institutionen so organisieren, daß es schlechten oder inkompetenten Herrschern unmöglich ist, allzugroßen Schaden anzurichten?« (170) Das Lenin-Wort bezüglich des guten Vertrauens und der noch besseren Kontrolle fällt zwar nicht expressis verbis, wird aber in diesem Zusammenhang gemeint sein (auch ohne damit eine Huldigung auf sonstige Äußerungen Lenins geleistet zu haben).

Besonders kontrastreich fällt die Gegenüberstellung Platons und Sokrates' aus, mit der Popper die Gefahr des anmaßenden Wissens um die wahren Essenzen und die Bescheidenheit des mutmaßenden Nichtwissens herausarbeitet. »Es ist schwer, sich einen größeren Gegensatz vorzustellen als diesen Gegensatz zwischen dem sokratischen und dem platonischen Ideal eines Philosophen... der Gegensatz zwischen der Welt eines bescheidenen rationalen Individualisten und der Welt eines totalitären Halbgottes« (185).

Im Anschluß an eine solch deutliche Sprache kann Popper darauf verzichten, diejenige Seite eigens zu markieren, auf die er sich mit seiner sozialen »Ad-hoc-Methode« stellt, deren Vorzüge er vornehmlich darin sieht, daß sie »wiederholte Experimente zu[lasse] und... schrittweise Verbesserungen« gestatte. »Sie kann vielleicht wirklich zu der glücklichen Situation führen, daß die Politiker auf ihre eigenen Fehler zu achten beginnen« (221). Sollten diese es selbst versäumen (was vielleicht nicht ganz auszuschließen ist), müssen jedoch die Institutionen zumindest so organisiert sein, daß auch an ihnen ein Fortschritt über Fehlschritte durch kritische Fehlerausmerzung möglich bleibt, »denn das ganze Geheimnis der wissenschaftlichen Methode« und deren Einführung in die Politik »liegt in der Bereitschaft, aus begangenen Fehlern zu lernen« (221).

Einer der Fehler, die immer wieder begangen zu werden drohen, liegt darin, unter Vorgabe sozialtherapeutischer Offenbarungen die Offenheit der Gesellschaft in eine geschlossene Institution zu verwandeln.

6. KAPITEL

Ende der Utopie

(Die offene Gesellschaft und ihre Feinde II)

Da Popper in jeder Art von Geschichtsphilosophie eine unangemessene Sinndeutung des historischen Geschehens mitsamt daraus hervorgehenden Resultaten prophetischer Zukunftsvision am Werk sieht, die letztlich irrationaler Herkunft sind, betrachtet er die verschiedenen Versionen äußerst kritisch. Er betont ihnen gegenüber eine nicht teleologische (sinnfreie) Tatsachenabfolge der Geschichte, die in ihrer wissenschaftlichen Behandlung nach denselben Maßstäben wie die Naturwissenschaften – ›trial and error‹ – beurteilt werden kann. Damit meint er nicht, daß geschichtliches Geschehen nach einem ihm innewohnenden Kausalitätsprinzip verläuft – wie es der pronaturalistischen Doktrin vorschwebt –, sondern nur, daß die historischen und politischen Fakten nicht minder ›den Stempel unseres Geistes tragen‹ als unsere naturwissenschaftlichen Theorien und Hypothesen. Sie sind nicht absolut, sie können niemals mit Sicherheit erkannt werden, und sie sind vor allem keine Offenbarungen oder Inspirationen für eine ausgewählte Herrschaftsmacht oder Führungsschicht. Sie stehen prinzipiell zur Disposition und können somit verändert oder ersetzt, zumindest aber kritisiert und vermieden werden, ohne daß eine Diskussion über Theorien andere Opfer zu fordern bräuchte als untaugliche Theorien.

Vom Zauber Platons, dessen idealstaatliche Visionen Popper im ersten Band seiner ›Offenen Gesellschaft‹ vehement kritisiert und als totalitäre Version des Historizismus entlarvt, spannt er den Bogen zu den ›falschen Propheten‹ der Neuzeit, die er vor allem in Hegel und Marx sieht (als den Protagonisten der ›orakelnden Philosophien‹, wie er diese zu nennen pflegt; vgl. Kap. 1).

Wie Platon gegenüber, so gibt Popper auch hier zu bedenken, daß seine primäre Absicht nicht darin liege, eine philosophiegeschichtliche Abhandlung über alle bedeutenden Aspekte der verschiedenen Epochen vorzulegen, sondern daß er eine Auswahl trifft, anhand derer er seine Auffassung bezüglich der demokratiefeindlichen Geschichtsutopien (wie er sie feststellt) darlegen kann. Von daher begnügt er sich auch mit wenigen Strichen zur Skizzierung der ›Aristotelischen Wurzeln des Hegelianismus‹, wobei erneut auffällt, wie er einzelne Leistungen nicht dadurch schmälern will, daß er die großen Irrtümer politischer Konsequenzen daraus an den Pranger stellt.

So äußert sich Popper über Aristoteles ähnlich zwiespältig wie über Platon oder Kant, wenn er ihn einerseits als den »Erfinder der Logik« in Erinnerung ruft, der »unseren vollen Dank« für diese systematischen Leistungen verdient (5), ihn aber kurz zuvor als »trotz seiner erstaunlichen Gelehrsamkeit... kein[en] besonders originelle[n] Denker« nennt (5). Was er ihm vorwirft, ist aber nicht nur eine geringe Originalität, sondern in erster Linie seine auf Platons politischer Schiene fahrende Ratifizierung der naturalistischen Sklavenlehre: »Einige Menschen sind von Natur aus frei und andere sind Sklaven; für die letzteren ist Sklaverei angemessen und gerecht zugleich...« (7, vgl. die Anm. 3, 350 f.). Noch mehr aber beklagt er den »Scholastizismus und Mystizismus« (29) einer Ausdrucksweise, die mit linguistischen Vexierfragen des Essentialismus operiere und so »nicht zu Argumenten... die rational kritisiert werden können« (29), führe.

Dieses Moment läßt Popper in das zweite Kapitel münden, das mit ›Hegel und der neue Mythos von der Horde‹

überschrieben ist. Er teilt darin weitgehend die seinerzeit verbreitete Hegel-Rezeption, weshalb er auch nur die von Hegel nicht selbst veröffentlichten Texte (also weder seine ›Phänomenologie des Geistes‹ noch seine ›Wissenschaft der Logik‹) heranzieht und verurteilt. »Hegel, die Quelle des gesamten zeitgenössischen Historizismus, war ein direkter Nachfolger von Heraklit, Platon und Aristoteles. Hegel konnte Wunder wirken« (36), die Popper jedoch als alles andere als bewunderungswürdig ansieht, sondern in die Reihe des Platonischen ›Zaubers‹ einordnet. Deshalb nennt er ihn auch einen »logischen Hexenmeister« (wenn auch nicht aus Frankensteins Gruselkabinett), für den es »ein Kinderspiel [war], mit Hilfe seiner zauberkräftigen Dialektik wirkliche, physische Kaninchen aus rein metaphysischen Zylindern herauszuholen« (36).

Mit ›Dialektik‹ bei Hegel meint Popper ein im Prinzip äußerliches Modell, das Widerspruch in die Argumentation einfließen lasse und mit logisch-rationalen Methoden des diskursiven Verstandes in große Verwirrungen führe:

Thesis	(Wenn T
Antithesis	und Nicht-T,

Synthesis	dann S.)

Eine solche Figur hält er nicht nur für logisch unzulässig, sie ist auch formallogisch falsch, da aus der ersten Setzung einer Prämisse mit Affirmation und der zweiten Prämisse mit Negation der ersten Prämisse nur eine einfache ›Aufhebung‹ im Sinne der Vernichtung (als logisches Aufheben) folgen kann, nicht jedoch eine doppelte Aufhebung im dialektischen Sinne der Aufbewahrung (wie die dialektische Triade volkstümlich verstanden wird; sie zu begreifen heißt allerdings auch, sie nicht auf diese logische Figur des Wenn-Dann-Schemas zu reduzieren, das trivialerweise zu Komplikationen im diskursiven Verstandesbereich führt).

Aufgrund der logisch-rationalen Unverständlichkeit des dialektischen Verfahrens nennt Popper dieses einen »dialektischen Dreh« (52), mit dessen Verwendung nicht nur unwissenschaftliche Scharlatanerie, sondern auch eine theoretische Selbstimmunisierung betrieben werden könne, bei der nicht mehr alle mitkommen. »Indem er Kritik und Argumentation unmöglich macht, schützt er seine eigene Philosophie vor aller Kritik; so vor jedem Angriff sicher, kann sie sich als ein doppelt verschanzter Dogmatismus und als der unübertreffliche Gipfel der philosophischen Entwicklung niederlassen« (52).

Auch in bezug auf Hegels Äußerungen zur Freiheit, die Popper kennt, wirft er ihm vor, das Paradoxon der absoluten Freiheit (und des Schreckens) nicht verstanden zu haben und daraus eine Schlußfolgerung auf sein Staatsverständnis zu ziehen, die der Monarchie das Wort rede (vgl. 58 f.). »Da haben wir's nun! Wie kann jemand so dumm sein, eine ›Verfassung‹ für ein Land zu verlangen, das mit einer absoluten Monarchie... gesegnet ist?« (59 f.)

Gegen Ende seiner knappen – aber heftigen – Ausführungen zur Hegelschen Philosophie räumt Popper allerdings ein (und in eins damit aus): »Viele meiner Freunde haben mich kritisiert wegen meiner Einstellung zu Hegel und wegen meiner Unfähigkeit, Hegels Größe zu sehen. Sie hatten damit natürlich völlig recht, denn ich war wirklich unfähig, sie zu sehen. (Ich bin es noch immer.)« (76).

Der Hauptteil seines zweiten Bandes zur ›Offenen Gesellschaft‹ ist allerdings auch weder Heraklit noch Hegel zugedacht, sondern Marx, unter dessen Einfluß »meine Behandlung Platons und Hegels... steht«, wie Popper »bereitwillig zu[gibt]« (103).

Unter der Überschrift ›Marxens Methode‹ werden sieben Kapitel abgehandelt, zu deren Beginn der »Marxismus« als »die bis jetzt reinste, am weitesten entwickelte und gefährlichste Form des Historizismus« genannt wird. Das soll aber wieder nicht heißen, daß Popper alles in Bausch und Bogen verdammen würde, was von Marx kommt, weshalb er sich vorsichtig ausdrückt und sagt: »Ich glaube, daß Marx trotz seiner Verdienste ein falscher Prophet gewesen ist. Er war ein Prophet des Ablaufs der Geschichte, und seine Prophezeiungen haben sich nicht bewahrheitet« (104).

Wovor Popper im Grunde viel mehr warnen will als vor den Marx-Schriften, ist das, was er »Vulgärmarxismus« (126) nennt, obwohl er damit freilich nicht den Anteil der Beeinflussung, die auf Marx' Historizismus zurückgeht, vom Tisch kehren will. Aber »es ist ein trauriger intellektueller Abstieg, dieser Abstieg vom Niveau des ›Kapitals‹ zum Niveau des ›Mythos des zwanzigsten Jahrhunderts‹« (127).

Was Marx jedoch selbst massiv überschätzt habe, sei in erster Linie die Überstrapazierung der ökonomischen Idee, zumal auch »ökonomische Bedingungen... von Ideen ab-[hängen]« (135), wie natürlich auch das, was sich ›dialektischer Materialismus‹ (›Diamat‹) nennt, selbst kein Exempel des Materialismus, sondern eine Idee ist. Dennoch erkennt Popper bei Marx immer wieder »ein Körnchen Wahrheit« (150), obwohl auch bei ihm das Moment, das in der ›Offenen Gesellschaft‹ (natürlich nicht Dialektik, sondern) »Paradoxon der Freiheit« genannt wird, nicht hinreichend durchreflektiert sei. »Wir haben gesehen, daß sich die Freiheit selbst aufhebt, wenn sie völlig uneingeschränkt ist« (153), woraus folge, »daß es dem Starken freisteht, den Schwachen zu tyrannisieren und ihn seiner Freiheit zu berauben« (153).

Insgesamt krankt der ansonsten geniale Entwurf Marx' am Festhalten an »dem holistischen und utopistischen Glauben, daß nur ein funkelnagelneues ›Sozialsystem‹ die Situation verbessern könne« (161).

Nach kritischer Würdigung und würdiger Kritik an ›Marxens Methode‹ folgt ein vier Kapitel umfassendes Hauptstück unter der Überschrift ›Marxens Prophezeiung‹, die unter Hinweis auf die antihistorizistischen Argumente als verfehlt und unter Hinweis auf die historische Faktizität als widerlegt angesehen werden kann. »Ich bin völlig eins mit der Ansicht, daß wir unsere Zeit nicht vergeuden sollten, über die ewige Fortdauer einer sehr unbefriedigenden Welt müßig nachzudenken. Aber müßiges Nachdenken über die prophezeite Ankunft einer besseren Welt oder der Versuch, ihrer Geburt mit Propaganda und anderen irrationalen Mitteln, vielleicht sogar mit Gewalt zu Hilfe zu kommen, ist nicht die einzig mögliche Alternative« (176), was nicht nur aus der Vielzahl von Spielarten des Marxismus, sondern auch aus der Vielzahl alternativer Staats- und Regierungsmodelle hervorgeht.

Zu den ›Folgen‹ (denen Popper einen weiteren Hauptteil seines Textes einräumt) gehören außer den oftmals weit von Marx entfernten Staatspraktiken mit stalinistischem, leninistischem oder maoistischem Einschlag auch die genuin auf Marx zurückzuführenden sozialistischen Träume ruinöser Bankrotteure, die mit der – allerdings aufklärerischen – Idee der ›egalité‹ den Unterschied zwischen Gleichheit vor dem Gesetz und Ungleichheit außerhalb aller Gesetze verwischen. »Die ›Gleichheit vor dem Gesetz‹ ist keine Tatsache, sondern eine politische Forderung, die auf einer moralischen Entscheidung beruht; und sie ist ganz unabhängig von der – wahrscheinlich falschen – Theorie, daß ›alle Menschen gleich geboren sind‹« (289). Vor allem kann eine politische Forderung nach gleichem Anspruch auf gleiche Behandlung (vor dem Gesetz) erst sinnvoll gestellt werden, wenn sie von der Ungleichheit der Talente und Interessen ausgeht, um von da aus gleiche Chancen zu postulieren. (Bei vorausliegender Geschlechtergleichheit wäre eine Emanzipationsforderung so sinnlos wie ihr Gegenteil.)

Die Forderung nach der Gleichheit vor dem Gesetz kann auch nicht etwa beinhalten, daß nunmehr alle vorliegenden Unterschiede (etwa nach Hautfarbe, Geschlecht, Religionszugehörigkeit etc.) als solche aufzuheben und einebnend wegzunivellieren seien, sondern im Gegenteil, nur bei anerkannten individuellen Unterschieden, die als solche beibehalten bleiben sollen, macht es Sinn, vor dem Gesetz – quasi ›trotzdem‹ – eine Gleichbehandlung (um der Differenzen willen) vorzunehmen. Und nur im Unterschied zur Gleichheit vor dem Gesetz ist »jedes Individuum ein Zweck in sich« (303) und damit kein bloßes Mittel für die kollektive Gleichschaltungsautomatik.

Das Schlußkapitel in Poppers zweitem Band der ›Offenen Gesellschaft‹ fragt: ›Hat die Geschichte einen Sinn?‹ Die Antwort lautet: »Die Weltgeschichte hat keinen Sinn« (333), wozu man ergänzen sollte, daß sie zumindest von sich aus keinen Sinn hat, während es zu unserer demokratischen Aufgabe gehört, ihr durch Beseitigung von Übel und Hemmnis einen solchen zu verleihen. Denn »Fortschreiten heißt sich auf ein bestimmtes Ziel zubewegen ... Die Geschichte kann dies nicht tun; nur wir, die menschlichen Individuen, können es tun, indem wir jene demokratischen Institutionen verteidigen und stärken, von denen die Freiheit und mit ihr der Fortschritt abhängt« (346).

TEIL III

Zur Einheit der Methode des Kritischen Rationalismus

7. KAPITEL

Rationaler Realismus und toleranter Pluralismus
(OBJEKTIVE ERKENNTNIS)

Als evolutionären Entwurf bezeichnet Popper seine Aufsatzsammlung mit dem teils provozierenden, teils überraschenden Buchtitel ›Objektive Erkenntnis‹. Das liegt an der
Suggestion absoluten Wissens einerseits und in der Anspielung auf die Hegelsche Terminologie andererseits (insbesondere im 4. Kapitel ›Zur Theorie des objektiven Geistes‹).
Aber weder im populären Sinne des ›common sense‹ noch
im diametral entgegengesetzten Sinne Hegels haben diese
terminologischen Anspielungen etwas mit Objektivität
oder mit absolutem Wissen zu tun, sondern eher mit einer
Abstoßung von der einen wie von der anderen Assoziation.
Es sind vielmehr intern-relationale Bezüge, die Popper her-
stellt und in seinen eigenen Kontext einbettet.

Zu diesem Kontext gehört die von ihm als differenzieren-
der Beitrag zur Erkenntnistheorie entwickelte Lehre von
drei untereinander in Bezug stehenden Welten, die Poppers
pluralistische Ontologie bilden. Anhand dieser wiederum
ist es faßlich, wie das Modell des Folgeprobleme erzeugen-
den Fortschritts auf eine plastische Formel gebracht werden
kann, die zugleich das Muster für eine Erkenntnistheorie
ohne erkennendes Subjekt abgeben soll; und da schließt
sich der Kreis dessen, was mit objektiver Erkenntnis gemeint ist. Es ist eine subjektunabhängige, aber jederzeit
überprüfbare und zu keiner Zeit endgültige Ontologie (der
›Welt 3‹), mit der die Erkenntnissubjekte interagierend in
Kontakt treten können, um so ihr Vermutungswissen kon-

trollierend auf den Weg der Wahrheitsapproximation zu bringen, ohne allerdings jemals in den Besitz sicherer Erkenntnis gelangen zu können.

Die zehn Aufsätze unterschiedlicher Länge und verschiedener thematischer Gewichtung, die alle aus den späten sechziger Jahren stammen, lassen sich weitestgehend als Zusammenfassung oder Ergänzung, als Vertiefung oder Weiterführung dessen ansehen, was in den großen Buchveröffentlichungen angeschnitten oder wenigstens angelegt war. Sie überschneiden sich hin und wieder auch inhaltlich, was aber nur der gründlichen Repetition dienlich ist und nirgends als störende Umständlichkeit empfunden wird.

Das erste Kapitel lautet ›Vermutungswissen: meine Lösung des Induktionsproblems‹ und knüpft unmittelbar an die ›Logik der Forschung‹ bzw. sogar noch früher an die Manuskripte zu den ›Grundproblemen der Erkenntnistheorie‹ an, die zu dieser Zeit noch gar nicht veröffentlicht waren. In diesen Texten wird zwar bereits an David Humes Lösungsversuche bezüglich der Induktionsproblematik erinnert und darauf aufgebaut, aber erst in der ›Objektiven Erkenntnis‹ findet das Thema eine umfassendere und gründlichere Behandlung[1].

Nicht ganz ohne Stolz läßt Popper das erste Kapitel mit dem Satz beginnen: »Ich glaube, ein wichtiges philosophisches Problem gelöst zu haben: das Induktionsproblem. . . . Die Lösung erwies sich als außerordentlich fruchtbar und ermöglichte mir die Lösung einer ganzen Reihe weiterer philosophischer Probleme« (13). Daß er hiermit nicht etwa das Abgrenzungsproblem meint, sondern eher die nachfolgenden Erörterungen zur Drei-Welten-Ontologie, macht Popper in einer Fußnote deutlich, in der das Abgrenzungsproblem (zwischen Wissenschaft und Nicht-Wissenschaft) als zum Induktionsproblem gehörig vorgestellt wird (13, Fn. 1).

Auch versucht Popper, das wissenschaftliche oder erkenntnistheoretische (bzw. logische) Problem der Induktion von den Erwartungen des »Alltagsverstandes« (vgl. Vorwort, 11) loszukoppeln, wenngleich er sich als »Bewunderer des Alltagsverstandes« (11) bekennt, von dem – ähnlich wie in den meisten Pseudowissenschaften – lediglich die Momente des naiven Glaubens als der irrationalen Aspekte durch wissenschaftlich-kritische Verfahren ersetzt und abgezogen werden müssen, um so der Realität näherzukommen.

Die Humesche Behandlung des Induktionsproblems zerlegt Popper in zwei Teile, bevor er in seiner Antwort darauf – als der reformulierten Betrachtung – die Lösung anbietet. Das erste Humesche Problem nennt er ein ›logisches (H_L)‹ und das zweite ein ›psychologisches (H_{Ps})‹, wobei er daran erinnert, daß Humes eigene Antwort auf die erste Problematik (H_L) als Negation ausfiel, während Humes Antwort auf das psychologische Problem bekanntlich mit ›Gewöhnung‹ in Verbindung gebracht (und somit das Kausalitätsproblem zum Skeptizismus, zu Kants neuerlicher Behandlung und schließlich zu Poppers Lösung gebracht) wurde.

1. H_L: Ist es logisch gerechtfertigt, von Singularitäten auf deren Allgemeingültigkeit zu schließen?

Antwort: Nein.

2. H_{Ps}: Warum werden Regularitäten aus singulären Daten erwartet?

Antwort: Aus Gewöhnung.

(Sooft auch immer täglich die Sonne ›aufgegangen‹ ist, beruht die Erwartung weiterer Sicherheit in bezug auf ihr ›Verhalten‹, regelmäßiger Vorberechenbarkeit, nicht auf logischen Prinzipien, sondern auf psychologischer Gewöhnung aus purem Glauben.)

Unter Zuhilfenahme des ›Übertragungsprinzips‹ (»Was in der Logik gilt, gilt auch in der Psychologie«, 18) formuliert Popper Humes Sätze um, indem er darauf zunächst einmal die generelle Aussage »Es gibt keine Induktion durch Wiederholung« (19) treffen kann.

Poppers Reformulierung verfolgt den Zweck, aus der logischen und erkenntnistheoretischen Sackgasse herauszufinden, ohne die Problematik auf einer psychologischen Erklärung beruhen zu lassen. Mit seinem Übertragungsprinzip gelingt es ihm auch, die Gesamtbetrachtung in die rein logische Sphäre zu transferieren, bevor von dort aus der Versuch unternommen wird, trotz Verzichts auf induktive oder quasi-induktive Schleichwege zu Erkenntnis vorzudringen. Denn sonst bliebe nur ein Verharren in agnostischem Skeptizismus (oder ein Apriorismus, den Popper ablehnt), demzufolge zwar zu Recht alle Induktion als rational unhaltbar zurückgewiesen werden könnte, deren Umkehrung – die zur Falsifikation und damit zum Fortschritt über Fehlschritte erforderliche Deduktion – dann aber gar nicht in den Blick kommen würde.

Der fruchtbare Einfall Poppers, der aus dem scheinbaren Dilemma herausführt, besteht darin, die Kraft der Negation (via deductionis) in die Humesche Problematik einzuführen, wie aus folgenden Reformulierungen ersichtlich wird:

1. L_1: Läßt sich eine allgemeine Theorie mit Hilfe empirischer Daten bestätigen?

Antwort: Nein.

2. L_2: »Läßt sich die Behauptung, eine erklärende allgemeine Theorie sei wahr *oder sei falsch*, mit empirischen Gründen rechtfertigen?« (Herv. v. Vf.)

Antwort: Ja, »die Annahme, bestimmte Prüfaussagen seien wahr, rechtfertigt manchmal die Behauptung, eine erklärende allgemeine Theorie sei falsch«.

(Das heißt, die Wahrheit einer Allgemeinaussage läßt sich nicht bestätigen, wie viele empirische Prüfaussagen auch zu Rate gezogen werden, aber zur Falschheit eines Allsatzes genügt ein einziges empirisch ermitteltes Falsifikat im Sinne einer der Theorie widersprechenden Hypothese.)

Aufgrund dieser Möglichkeit, zwischen verschiedenen Theorien – falschen und wahren – zu wählen, bietet sich eine dritte Reformulierung des Humeschen Induktionsproblems an, die Popper folgendermaßen ausdrückt:

3. L_3: »Können solche ›empirischen Gründe‹ jemals rechtfertigen, einige von mehreren konkurrierenden allgemeinen Theorien anderen unter dem Gesichtspunkt der Wahrheit oder Falschheit *vorzuziehen?*«

Antwort: Ja (sofern die Prüfaussagen nicht alle, aber einige konkurrierende Theorien ausscheiden lassen).

Auf diese Weise hält Popper seine Reformulierung unter Einführung der Falsifikationsmöglichkeit für die Lösung des Humeschen Induktionsproblems, das der Philosophie bis in den Wiener Kreis hinein zu schaffen gemacht hat. Und so kann eine Widerlegung erkenntnistheoretisch interessant bleiben, weil die Falschheit einer Aussage rein logisch in der Wahrheit ihrer Negation liegt, wodurch nicht nur eine bloße Ausscheidungsmethode gefunden wäre, sondern auch ein Auswahlkriterium, demzufolge alle noch nicht falsifizierten Theorien als vorläufig bewährte Hypothesen den Vorzug genießen, obgleich Popper eindringlich vor übertriebenen Erwartungen und falschen Hoffnungen warnt, da es »keine Garantie (gibt), daß wir Fortschritte zu besseren Theorien machen werden« (29), wenngleich durch Ausschluß falsifizierter – da widerlegter – Theorien eine »Annäherung an die Wahrheit« (29) zu denken möglich ist.

Denn nach Poppers Ansicht ist »das einzige mögliche ›Positive‹ an der wissenschaftlichen Erkenntnis, daß gewisse Theorien zu einem Zeitpunkt anderen Theorien im Lichte unserer kritischen Diskussion ... vorgezogen werden. Auch das, was man ›positiv‹ nennen könnte, ist es also nur aufgrund negativer Methoden« (33), wenngleich weiterhin gilt, daß auch die Prüfaussagen selbst potentieller Kritik unterliegen und nicht ihrerseits als dogmatische Sätze anzusehen sind.

Mit diesen Überlegungen liefert Popper[2] nicht nur eine Reformulierung des Induktionsproblems – wie es sich für David Hume gestellt hat –, sondern zugleich eine Lösung dafür, indem er es durch Einführung der Negation – die logisch überall erlaubt ist (im Gegensatz zur Einführung des Widerspruchs) – im Grunde auflöst. Oder mit anderen Worten: Es wird bewiesen, daß es keine Induktion gibt, aber dennoch einen Ausweg aus dem Dilemma zwischen Gewöhnung und Skeptizismus. Und auf dieser Basis beruhen auch die Gedanken, die schließlich den Buchtitel angeregt haben: die Formulierung der Erkenntnis im objektiven Sinne.

Für die Behandlung dieses Themas sind die Gesichtspunkte des dritten Kapitels von vorbereitender und einführender Bedeutung, zumal bereits die Überschrift anzeigt, daß hier ein eigener Weg (gegen die meisten Richtungen der philosophischen Tradition) gegangen werden soll: ›Erkenntnistheorie ohne erkennendes Subjekt‹. Versteht man unter Erkenntnistheorie für gewöhnlich die Theorie eines Erkennenden über die Weise seines Erkennenkönnens, dann hat man zumindest im ersten Teil seines Verständnisses einen subjektiven Faktor vorausgesetzt, von dem Popper radikal abzurücken versucht. Denn nach ihm ist »wissenschaftliche Erkenntnis... nicht die Erkenntnis im gewöhnlichen Sinne von ›ich erkenne‹. Diese gehört zu dem, was ich die ›zweite Welt‹ nenne, zur Welt der Subjekte; die wissenschaftliche Erkenntnis gehört zur dritten Welt, der Welt der objektiven Theorien, Probleme und Argumente« (125).

Damit ist bereits das Zentrum seiner Drei-Welten-Lehre angeschnitten, auf das der Kürze halber mit Hilfe einer Tabelle (und deren Erklärung) eingegangen werden soll[3], um die folgenden Worte besser zu verstehen: »Wir können die physikalische Welt ›Welt 1‹ nennen, die Welt unserer bewußten Erlebnisse ›Welt 2‹ und die Welt der logischen Gehalte von Büchern, Bibliotheken, Informationsspeichern von Datenverarbeitungsanlagen und ähnlichem ›Welt 3‹« (88).

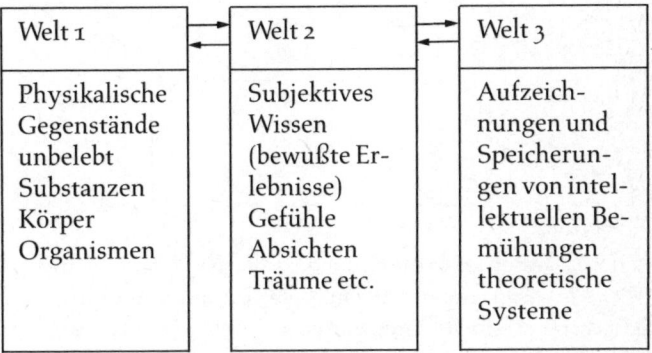

Welt 1	Welt 2	Welt 3
Physikalische Gegenstände unbelebt Substanzen Körper Organismen	Subjektives Wissen (bewußte Erlebnisse) Gefühle Absichten Träume etc.	Aufzeichnungen und Speicherungen von intellektuellen Bemühungen theoretische Systeme

Zwischen diesen drei Welten ist eine Interaktion gedacht, bei welcher eine gegenseitige Beeinflussung zwischen Welt 1 und Welt 2 sowie eine Wechselwirkung zwischen Welt 2 und Welt 3 in Frage kommt, nicht jedoch eine direkte Beeinflussung der Welten 1 und 3 untereinander.

In hierarchischer Ordnung und weiterer Ausdifferenzierung stellt sich das Modell wie folgt dar[4] (s. Tabelle auf der nächsten Seite).

Welt 3 ist in diesem Modell als weitgehend autonom gedacht, was eng mit Poppers Betonung einer subjektunabhängigen Realität, insbesondere einer »unabhängigen Existenz der dritten Welt« (125) als der Welt der Gedanken-

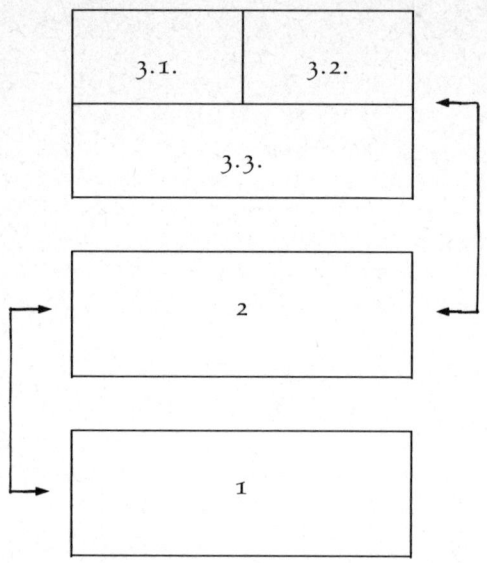

inhalte – oder noch umfassender: der Kultur im weitesten Sinne – zusammenhängt, ohne daß daraus jedoch auf eine Abgeschlossenheit hingewiesen werden soll. Die Autonomie bewahrt sich trotz aller Interaktion mit den mentalen Prozessen der Welt 2 und trotz aller damit einhergehenden Veränderung, die somit als Dynamik der Kultur in die Reflexion kommen kann. Diese Dynamik ist Popper schon deshalb so wichtig, weil er mit seinem Modell der evolutionären Epistemologie die rückwirkenden Faktoren auf die Welt 2 (und indirekt sogar auf Welt 1) betonen kann.

In äußerst grober Skizzierung läßt sich die ontologische Welten-Triade an einem Beispiel exemplifizieren (das sich seiner trivialisierenden Vorgehensweise bewußt ist): Ein Bleistift (aus Holz, mit Graphitkern) ist ein ›Bewohner‹ der Welt 1, da es sich hierbei um einen physikalisch-dinglichen Gegenstand handelt (dessen Artefakt-Charakter hier unberücksichtigt bleiben kann). Mit Hilfe dieses Bleistifts lassen sich – unter weiterer Verwendung von Papier (ebenfalls ein Welt-1-Gegenstand) – mentale Vorgänge, wie Absichten, Vorstellungen, Gedanken etc., die der Welt 2 zugerechnet werden, in einem Speicherungsprozeß festhalten, indem der Gedankeninhalt (der flüchtigen Materie aus Welt 2) sozusagen ›fixiert‹ (in Sätzen niedergeschrieben) wird. Diese Gedankenfixierung als der für andere zugänglichen Speicherung flüchtig-mentaler Prozesse wird von Popper als Welt 3 bezeichnet, die »Erkenntnis im objektiven Sinne ist« (126).

Die Welt-2-Vorgänge (die im Unterschied zu Welt 3 immer subjektiver Natur sind) sind aber nicht nur als fixierbar gedacht, sondern auch in der Lage, Welt-3-Gegenstände zu dechiffrieren, was bedeutet, daß ›Lesen‹ quasi als umgekehrtes ›Schreiben‹, als Mentalisierung von Texten verstanden werden kann. Auf diese Weise verkürzt, ist jedenfalls vorstellbar, was mit der interagierenden Wechselwirkung zwischen Welt 3 und Welt 2 gemeint ist. »Die Selbständigkeit der dritten Welt und ihre Rückwirkungen auf die zweite und selbst die erste Welt gehören zu den wichtigsten Tatsachen des Erkenntnisfortschritts« (136), was Popper in seiner berühmten Formel hierzu zum Ausdruck bringt. (Bevor diese vorgestellt werden soll, mag noch ein Hinweis auf die Tabelle auf S. 138 erforderlich sein, was die Dreiteilung der Welt 3 selbst anbelangt: 3.1. ist als Speicherteil oder Subwelt dessen gedacht, was noch des Begreifens harrt, während 3.2. die begriffene Subwelt in Welt 3 ausmacht.)

Woran Popper in diesem Zusammenhang jedenfalls am meisten gelegen ist, sind die »harten Tatsachen« (über die die Wahrheit so schwer zu finden ist), »daß die dritte Welt weitgehend selbständig..., obwohl sie von uns geschaffen ist« (136), gedacht werden soll.

Unschwer läßt sich diesem Modell eine subjektive Vermittlerrolle entnehmen, die sich aber aus dem Endprodukt (das anderen Subjekten zu deren Bearbeitung, Kritik und Verbesserung vorgelegt werden kann) wieder herausnimmt, was sich – unter Verwendung optischer Bildlichkeit – auch folgendermaßen darstellen läßt, um die Verbindung zur ›Fortschrittsformel‹ zu erleichtern:

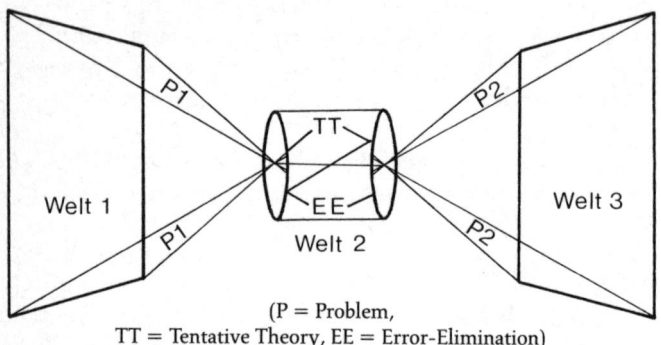

(P = Problem,
TT = Tentative Theory, EE = Error-Elimination)

»Mit der Entwicklung der argumentativen Funktion der Sprache wird die Kritik das Hauptinstrument weiteren Fortschritts« (138), was mit dem hierzu von Popper entwickelten Schema deutlich werden kann:

$$P_1 \rightarrow TT \rightarrow EE \rightarrow P_2$$

Erkenntnis beginnt somit nicht mit dem Sammeln von belanglosen Daten oder Fakten, sondern mit Problemen, an deren Beseitigung Interesse besteht: P_1.

Erkenntnis und Interesse sind keine voneinander isolierbaren Stadien, sondern bedingen einander und führen zunächst zur vagen Formulierung einer vorläufigen Hypothese oder Versuchstheorie (›tentative theory‹): TT.

Diese ›tentative theory‹ wird untersucht und auf eventuell enthaltene Fehler hin überprüft; die Korrektur findet unter Fehlerbeseitigung statt (›error-elimination‹): EE.

Das Resultat dieses Versuch-und-Irrtum-Verfahrens besteht nun aber nicht etwa in der perfekten, endgültig gewissen und keiner weiteren Kritik mehr zugänglichen ›absoluten Wahrheit‹, sondern in einem weiteren (potentiellen) Problem: P_2.

(P$_2$ unterscheidet sich nun von P_1 in keiner Weise, was die potentielle Falsifizierbarkeit in weiterer Zukunft anbelangt, sondern nur dadurch, daß es durch EE bei der ersten Prüfung gereinigt erscheint.) Alle Problemlösungen kommen nur als potentielle Folgeprobleme in Betracht und nie als endgültige Wahrheiten mit absoluter Sicherheit. (Von daher bedarf auch das obige Schaubild einiger Behutsamkeit und vor allem der Ergänzung, daß es symmetrisch gelesen werden kann – also nicht nur von links nach rechts.)

Obwohl das Problem der potentiellen Falsifizierbarkeit auch dem als vorläufig bewährter Lösung angesehenen Produkt aus tentativer Theorie und Fehlerbeseitigung hinsichtlich des ersten Problems anhaftet, genießt P_2 doch den Vorzug gegenüber P_1 insofern, als wenigstens seitherige Kritik und Korrektur nicht zur vollständigen Eliminierung beitragen konnten. Die ausgeschiedenen Falsifikate bleiben zurück, wovon sich die Fortschrittsvorstellung (entlang den Pfeilen) nährt, ohne daß es jemals abzusehen wäre, ob nicht auch P_2 zu einer gegebenen Zeit zum Einsturz gebracht werden kann.

»Alle wissenschaftliche Arbeit richtet sich auf den Fortschritt der objektiven Erkenntnis. Wir sind Arbeiter, die zum Wachstum der objektiven Erkenntnis beitragen, so wie Steinmetzen an einem Dom arbeiten« (139). Die Ausrichtung an einem Erkenntnisfortschritt kann auch als Stimulans aller Forschung angesehen werden, die zumindest davon ausgehen muß, daß die eingeschlagene Richtung auch die richtige (oder wenigstens noch korrigierbare) ist.

Von vordringlicher Wichtigkeit ist es Popper in all seinen diesbezüglichen Darstellungsbemühungen, daß ohne Kritik keine Veränderung stattfindet, da nichts automatisch (mit

Ziel in sich selbst) zum Besseren schreitet. Von daher kommt auch seine ablehnende Haltung Hegel gegenüber dessen Dialektik er teleologisch interpretiert, weshalb Popper auch meint: »... rationale Kritik [spielt] keine Rolle in Hegels *Automatik,* ebensowenig wie menschliche Schöpferkraft« (144, Herv. v. Vf.).

Die rationale Realität wird also auf pluralistische – durch Kritik möglichst vieler Sachverständiger an einer Versuchshypothese – Weise hergestellt und solchermaßen zur Isolierung einer Objektivität von Welt 3 geführt, die lediglich zu ihrer Konstitution eines Subjekts bedarf. Oder anders ausgedrückt: »Die erste und die dritte Welt können nicht aufeinander wirken außer durch das Dazwischentreten der zweiten Welt, der Welt der subjektiven oder persönlichen Erfahrungen« (174), was aber der dritten Welt »der intelligibilia oder der Ideen im objektiven Sinne« (ebd.) nicht ihren ontologischen Status einer für sich bestehenden Teilwelt nehmen soll, wie es Popper in seiner »pluralistischen Philosophie« (173) zur Debatte stellt.

Pluralistisch an dieser Erkenntnistheorie ist aber nicht nur das über Dualismus und erst recht Monismus hinausgreifende Mehrweltenmodell mit seiner interagierenden Fortschrittsdynamik, sondern auch der Umstand, der aus der Konsequenz dessen folgt, daß »kein Weg mit Notwendigkeit von irgendwelchen Tatsachen zu irgendwelchen Gesetzen [führt]« (389), denn »was wir Gesetze nennen, sind Hypothesen, die eingebaut sind in Systeme von Theorien« (ebd.), die niemals als »absolut sicher betrachtet werden« (ebd.) können, da »keine wissenschaftliche Theorie... sakrosankt [ist]«, was am schnellsten von den *Vertretern* bestimmter Theorien vergessen zu werden droht.

Trotzdem besteht nicht die Gefahr einer theoretischen Abgehobenheit von aller Realität, als würden Hypothesen im Nebel eines Ideenhimmels verschwimmen. Denn »durch die Falsifikation unserer Annahmen bekommen wir tatsächlich Kontakt mit der ›Wirklichkeit‹« (389). Nach Popper scheitern unsere Theorien nicht an anderen Theorien, an mangelnder Akzeptanz oder an divergierenden Geschmacksrichtungen, sondern an der Realität selbst, die allerdings immer ›theoriegetränkt‹ und nicht unvermittelt in den Blick kommt. Zu einer unvermittelten Unmittelbarkeit fällt erst die evolutionäre Erkenntnistheorie (Riedl, Vollmer, Wuketits u. a.) zurück, der dieser – fast idealistische – Aspekt Poppers entgeht.

8. KAPITEL

Vermutungen zum Leib-Seele-Problem
(Das Ich und sein Gehirn)

In keinem seiner zahlreichen Bücher zur Erkenntnistheorie (oder deren praktischer Anwendung) hat Popper so eindeutig zur naturwissenschaftlichen Perspektive der Korrespondenztheorie Stellung bezogen wie in ›The Self and Its Brain‹ (1982 deutsch: ›Das Ich und sein Gehirn‹). Das hat natürlich zahlreiche Gründe, deren wichtigster wohl ist, daß er hier erstmals ein Gemeinschaftsprojekt vorlegte, in dem das philosophisch traditionsreiche Leib-Seele-Problem diskutiert wird. Popper traf als Philosoph in dem Hirnphysiologen John C. Eccles einen adäquaten Gesprächspartner und Ko-Autor für ein Buch, in dem der interdisziplinär erkenntnistheoretisch-naturwissenschaftliche Dialog seinen Niederschlag finden konnte.

Popper – auf den ›common sense‹ eingeschworen – geht auch hier von seiner realistischen Perspektive aus, derzufolge auf empirisch kritische Art die für subjektunabhängig gehaltene Außenwelt (Wirklichkeit, Realität) hypothetisch erkannt werden kann. Mit Hilfe von versuchsweisen Theorien (›tentative theories‹[1]) soll eine Annäherung an die Wahrheit (›verisimilitude‹[2]) durch die Methode der Fehlerausmerzung (›trial-and-error‹ und ›error-elimination‹[3]) und damit ein Fortschritt über Fehlschritte möglich sein, wobei jedoch das Ziel nicht bekannt ist. Von daher gibt es nach Poppers Kritischem Rationalismus auch keine Sicherheit bezüglich unseres Wissens von der Gesetzmäßigkeit bzw. Wahrheit dieser Welt, sondern nur ein Vermutungswissen (»wir wissen nicht, sondern wir raten«[4], d. h., wir können immer nur Konjekturen hegen[5]).

Auf dieser grundlegenden Voraussetzung ist das Koprodukt von Popper und Eccles zu lesen, in dem beide Autoren ihre nicht immer übereinstimmenden – sich meist jedoch ergänzenden – Vermutungen zum Leib-Seele-Problem vorstellen und diskutieren. Das dabei zum Ausdruck gebrachte Hauptproblem besteht in dem Zusammenhang zwischen Körper und Geist (›sōma‹ und ›psyché‹) bzw. zwischen Gehirnstrukturen und Bewußtseinsanlagen.

Um jeglichen Verdacht von vornherein auszuräumen, betont Popper gleich zu Beginn seiner Ausführungen, daß er seinen Lesern »keine Ontologie anbiete« (22), wobei er unter ›Ontologie‹ in erster Linie das versteht, was in der Tradition als ›Materialismus‹ bezeichnet wird. So lautet auch die Überschrift zu seinem ersten Kapitel ›Der Materialismus überwindet sich selbst‹. Darunter ist zu erfahren, daß die Materie nicht als Substanz aufgefaßt und mit Essenz zu verwechseln ist, »da sie nicht erhalten bleibt: sie kann zerstört werden, und sie kann erzeugt werden« (26).

Damit wendet er sich gegen eine (historisch eigentlich längst) überholte materialistische Auffassung, derzufolge es feste, unveränderliche Dinge (Substanzen) gebe, die einen unverrückbaren ontologischen Status besäßen. Unter Berufung auf Alfred North Whitehead betont Popper demgegenüber: »Das Universum erscheint uns heute nicht als eine Ansammlung von Dingen, sondern als eine Menge von in Wechselwirkung stehenden Ereignissen oder Prozessen« (26), womit er an Whiteheads berühmtes Hauptwerk erinnert[6].

Wann und wie Dinge, Atome oder andere Entitäten wirklich existieren (und wie derartige Spezifikationen zu denken sind), hält er für eine »nicht ganz einfache Frage« (29), mit der sich die Philosophie seit ihrem Bestehen beschäftigt, für die er aber dennoch eine Antwort bereithält: »Wir akzeptieren... Dinge als wirklich, wenn sie kausal auf gewöhnliche reale materielle Dinge wirken oder wenn sie mit diesen in Wechselwirkung stehen« (30).

Nach diesen Vorbemerkungen zur allgemeinen ontologischen Problemlage kommt Popper auf die Evolution zu sprechen, wobei er weder einem reinen Lamarckismus noch einem reinen Darwinismus das Wort redet, sondern eher eine Synthese aus beiden Theorien (allerdings mit neodarwinistischer Tendenz) vorbringt (vgl. 33). Mit der naturwissenschaftlich weitverbreiteten ›Big-Bang‹-Theorie teilt er die Überzeugung, daß das »expandierende Universum sich vor vielen Milliarden Jahren durch einen Urknall selbst erschaffen habe« (35). Analog zur Evolution des Kosmos sei die organische Entstehung der Arten zu sehen, wobei die Erfindung der menschlichen Sprache (sozusagen als die dritte, kulturelle Evolution) als das zentrale Thema erscheint.

»Man könnte sagen, daß der Mensch, als er sich zu sprechen entschloß und Interesse an der Sprache zeigte, sich auch dazu entschied, sein Gehirn und Bewußtsein zu entwickeln« (34). Denn nur sprachlich lassen sich Theorien aufstellen und kritisieren, was für Poppers Erkenntnistheorie von allerhöchster Bedeutung ist. Logisch nicht ganz einwandfrei schließt er von der Kreativität des Menschen auf die Kreativität des Universums, »das den Menschen hervorgebracht hat« (36).

Auch in ›Das Ich und sein Gehirn‹ spielt die Drei-Welten-Theorie eine zentrale Rolle. Für Welt 1, die der physikalischen Gegenstände, sind Wasserstoff und Helium von Bedeutung (aber auch schwere Elemente sowie Flüssigkeiten und Kristalle und alle lebenden Organismen). Welt 2 beinhaltet, wie wir bereits gesehen haben, die Welt der subjektiven Erlebnisse und Empfindungen einschließlich tierischen Bewußtseins sowie das spezifisch menschliche Ich-Bewußtsein und das Wissen um den eigenen Tod. In Welt 3 sind die

Erzeugnisse des menschlichen Geistes versammelt, wie etwa die menschliche Sprache, alle Theorien und Mythen, aber auch Kunstwerke und wissenschaftliche Entdeckungen (vgl. 38).

Anhand eines (beliebigen) Buches als Beispiel erklärt Popper, daß dieses sowohl mit der Welt 1 zusammenhängt (da es »ein physisches Ding« ist) als auch mit Welt 3, was nämlich seinen – nicht physisch-dinglichen – Inhalt anbelangt. Das Papier und die Druckerschwärze machen das molekular-ontologische Transportmittel des eigentlichen (geistigen) Buchinhalts aus, »das, was in den verschiedenen Auflagen und Ausgaben unveränderlich bleibt« (64). Dieser nicht-stoffliche Inhalt (oder Gehalt) bzw. die theoretische Aussage wissenschaftlicher (in Druckerzeugnissen festgehaltener) Sätze begründen nach Popper die für seine Zwecke terminologisch gefaßte »Objektivität von Welt 3« (66). Warum diese Welt 3 ein neues Licht auf das philosophisch relevante Leib-Seele-Problem werfen kann, erklärt er mit folgenden Argumenten: »Erstens, Gegenstände der Welt 3 sind abstrakt. [...] 2. Gegenstände der Welt 3 haben nur durch das Eingreifen des Menschen eine Wirkung auf Welt 1 [...] 3. Wir müssen daher zugeben, daß sowohl Gegenstände der Welt 3 als auch die Prozesse der Welt 2 wirklich sind« (74).

Während fast alle Tiere dazu in der Lage sind, sich einen Bau, ein Nest oder eine Höhle zu errichten, unterscheidet sich dieses Tun doch wesentlich vom menschlichen Handeln, da letzteres auf Theorien basiert und somit ein gewisses Maß an Abstraktion erfordert. Mit anderen Worten, menschliche Architektur z. B. unterscheidet sich von der Höhle eines Tieres dadurch, daß für den Haus-(Brücken- oder Tunnel-)bau etc. zunächst ein Plan erforderlich ist, der theoretisch überprüft und mit Hilfe von Fehlerausmerzung kritisiert werden kann, bevor er in Anwendung gebracht und praktisch umgesetzt wird.

147

Mit großer Entschiedenheit distanziert sich Popper vom radikalen Materialismus, Physikalismus oder auch Behaviorismus (vgl. Kap. P 3), da in diesen Auffassungen der Versuch unternommen wird, alle Gegenstände der Welt 3 – einschließlich ihrer Eigenschaften und Beziehungen der Welt 2 gegenüber – auf Hirnzustände oder Dispositionen (d. h. auf die Eigenschaften der Welt 2) zu reduzieren. Damit würde die physikalische Welt 1 als kausal abgeschlossen betrachtet, während Popper umgekehrt auf eine Wechselwirkung zwischen Welt 1 und Welt 3 (d. h. auf ein offenes Universum) besonderen Wert legt, selbst wenn diese Interaktion nur sehr indirekt ausfallen sollte.

»Für mich ist klar, daß diese Wechselwirkung durch psychische und teilweise bewußte Vorgänge der Welt 2 vermittelt ist. Der Physikalist [der hier eine bloß kausal-mechanische Mitteilungsfunktion im rein physikalischen Sinne am Werke sieht] kann natürlich nichts davon zugeben« (85).

Damit wendet sich Popper gegen die Vorstellung, man könne das menschliche Denken auf einen simplen Mechanismus reduzieren, wie das etwa bei dem Informationssystem einer Bienensprache noch möglich wäre, sofern man unter dieser eine Signalfunktion nach dem Reiz-Reaktions-Schema versteht. Aber einer solch rein deiktisch-iterativen Reduktion auf kausale Informationsübermittlung (einer Bienensprache) gegenüber ist es für die höher entwickelte menschliche Sprache charakteristisch, wahre und falsche Aussagen zu machen und gültige von ungültigen Argumenten zu unterscheiden (vgl. 85–88).

Da in den meisten Lehrbüchern der Linguistik (nicht der Sprachphilosophie!) die für Poppers Argumentation wichtige Sprachbetrachtung auf ähnliche Weise physikalisch reduziert wird, läßt sich anhand eines Schaubildes (vgl. S. 149) die evolutionäre Schichtstufenontologie – wie sie Popper bevorzugt – vom rein mechanischen Modell abheben:

Funktionen		Werte
4. argumentativ		Gültigkeit/ Ungültigkeit
3. darstellend		Wahrheit/ Falschheit
2. signalisierend		Wirksamkeit/ Unwirksamkeit
1. ausdrückend		Stimulation/–

Pflanzen, Tiere — Bienensprache — Menschen

(vgl. 86)

Dem radikalen Physikalismus, Behaviorismus und Materialismus bescheinigt er, daß er, »soweit wir wissen, einmal stimmte, d. h. vor dem Auftauchen des Lebens und des Bewußtseins« (88). Aber spätestens seit der evolutionär entstandenen menschlichen Freiheit für bewußte Entscheidungen, für Sprache und Kritik, sind solche – in die Welt 1 als einzigem und geschlossenem Universum gehörigen – Betrachtungen nicht nur obsolet, sondern falsifiziert. Das gilt auch für bestimmte Formen des Panpsychismus, von denen Popper sagt, sie seien »ohne Grundlage«.

Den Haupteinwand gegen den Materialismus formuliert Popper jedoch nicht selbst, sondern er zitiert hierfür J. B. S. Haldane, der bereits 1932 auf folgenden Umstand hingewiesen hat: »Wenn der Materialismus wahr ist, dann, so scheint mir, können wir nicht wissen, ob er wahr ist. Wenn meine Meinungen das Ergebnis der im Gehirn ablaufenden chemischen Prozesse sind, dann sind sie durch die Gesetze der Chemie und nicht der Logik determiniert«[7] (105). Popper weist darauf hin, daß weit vor Haldanes Bemerkungen zum Materialismus bereits bei Epikur eine klare Absage an das rein mechanische Denkmodell aus materialistischer

Sicht zu finden ist: »Wer sagt, daß alle Dinge mit Notwendigkeit geschehen, kann nicht einen anderen kritisieren, der sagt, daß nicht alle Dinge mit Notwendigkeit geschehen. Denn er muß zugeben, daß auch seine Behauptung mit Notwendigkeit geschieht«[8] (106).

Nach Popper impliziert ein strenger Materialismus also einen strengen Determinismus, und dieser wiederum führt nicht nur zur radikalen Ablehnung von Freiheit, sondern auch zu ›contradictiones in adiectibus‹ (also zu Selbstwidersprüchen), wie die genannten Zitate Epikurs und Haldanes überzeugend beweisen. Diesen schließt sich Popper an, indem er konstatiert: »Ich habe gezeigt, daß der Materialismus kein Recht zu der Behauptung hat, er könne durch rationale Argumente gestützt werden« (112).

Eine haltbare materialistische Auffassung ist Popper zufolge nur dann möglich, wenn sie »gleichzeitig die Existenz des Bewußtseins bestreitet« (132), und das heißt natürlich auch, wenn sie der menschlichen Freiheit jegliches Recht abspricht – durch freien Entschluß zum Determinismus! (also schon wieder kontradiktorisch) –, was bei rein mechanischen Erklärungen und Erkenntnismodellen grundsätzlich der Fall ist. Konsequenterweise wendet sich Popper von daher auch gegen Gilbert Ryle, indem er unterstreicht: »Ich glaube an das Gespenst in der Maschine« (140), d. h. an die aller möglichen *Wahrheit* logisch vorausliegende *Freiheit*[9].

Bei Verwendung der Ausdrucksweise vom – nicht bestrittenen – Gespenst in der Maschine wird der Mensch zwar quasi mit einem Computer verglichen, aber doch mit dem wichtigen Unterschied, daß in diesen (bzw. in sein ›Ich‹) die spezifisch menschliche Freiheit implantiert ist.

»Es ist ziemlich klar, daß die Identität und Integrität des Ich eine physische Basis hat. Sie scheint ihren Sitz im Gehirn zu haben« (151), was nichts anderes besagt, als daß das Gespenst in der Maschine (das Ryle leugnet) sozusagen im Hirn ›sitzt‹ bzw. lokalisiert wird, ohne es dort freilich in

einem materialistischen Sinne (operational-technisch) auf-
spüren zu können. Sonst wäre das Leib-Seele-Problem auf
rein körperliche Weise gelöst. Mit nochmaligem Blick auf
digitale High-Tech-Analogien und entsprechende Reduk-
tionismen auf die bloß zweiwertige Systematik (von ma-
schinellen ›binary items‹ = ›bits‹) macht Popper deutlich,
daß »man... die Analogie zwischen Gehirn und Computer
zugeben [kann]; dabei sollte betont werden, daß der Computer ohne den Programmierer hilflos ist« (vgl. 155 f.).

Noch deutlicher ausgedrückt, bedeutet dies, daß dem Ich
das Gehirn gehört (und nicht umgekehrt)! Die menschliche
Freiheit wird somit nicht von einem physiologischen Apparat beherrscht – auch nicht von einem sogenannten ›Er-
kenntnisapparat‹[10] –, sondern der Mensch mit seiner Freiheit kann weitgehend mit diesem physiologischen Körper
umgehen, ihm verschiedene Fertigkeiten beibringen – wie
etwa das Klavierspielen, das Autofahren oder auch das ärzt-
liche Operieren –, vor allem jedoch denken und kritisieren.
»Das alles kann die Form von Dispositionen annehmen; und
diese Dispositionen stellen unser ›Wissen‹ im subjektiven
oder im Sinn von Welt 2 dar. Dieses dispositionale Wissen
ist also Teil von uns, aber es besteht zumindest teilweise in
Dispositionen zum Erfassen von Gegenständen der Welt 3,
also von Wissen im objektiven Sinne« (170).

Den kreativen Faktor der Erkenntnisgewinnung (d. h.
den Faktor ›Kunst der Erkenntnis‹ oder ›Zufall der Forschung‹), wie er etwa im Deutschen Idealismus als Zentrum
philosophischer Reflexion Erörterung fand, denkt sich Popper als das Resultat einer intensiven Forschungstätigkeit,
wenn es heißt: »Auf der wissenschaftlichen Stufe sind es
Entdeckungen, die revolutionär und kreativ sind; und sie
sind gewöhnlich das Ergebnis intensiver Tätigkeit: einer
neuen Art, Probleme zu sehen, das Ergebnis neuer Theorien, neuer experimenteller Ideen, neuartiger Kritik und
neuer kritischer Überprüfungen« (172). Aber diese Innova-

tionen kommen für ihn nicht aus dem Nichts, was auch bedeutet, daß »alle Beobachtungen und in noch höherem Maße alle Experimente theorieimprägniert« sind (173). Damit bringt Popper zum Ausdruck, daß er weder an konditionierte noch an nichtkonditionierte Reflexe glaubt (was den Menschen und seinen Geist anbelangt), sondern eher die aktive Haltung des freien Subjekts in den Vordergrund stellt.

Ganz im Sinne seiner Erkenntnistheorie nennt es Popper »eine der wichtigsten biologischen Funktionen von Welt 2, Theorien zu schaffen und bevorstehende Ereignisse geistig vorwegzunehmen; und es ist die wichtigste biologische Funktion von Welt 3, zu ermöglichen, daß diese Theorien widerlegt werden« – man müßte ergänzen: ›können‹ –, »daß unsere Theorien an unserer Stelle sterben« (177), sofern sie sich als unhaltbar erweisen.

Theorien sollen sterben, nicht wir, das ist eine Zentralaussage Poppers, die sich in nahezu all seinen Texten wiederfinden läßt und die man auch als seinen pragmatisch-hypothetischen – sowie tolerant-liberalen – Imperativ ansehen kann. In gewissem Sinne ist es auch eine Erweiterung des 5. Gebots, die besagt, daß eine Fehler-Verzeihung Individuen gegenüber gar nicht tolerant genug ausfallen kann, während man beim Töten von falschen (klar widerlegten) Theorien und beim Ausmerzen von Irrtümern ohne Blutvergießen mit großer Radikalität vorzugehen hat.

Seine Bemerkungen über das Ich beendet Popper mit der Hypothese: »... irgendwie übernimmt der Geist das Bewußtsein, das bewußte Ich die Führung« (186), bevor er sich historischen Ausführungen zum Leib-Seele-Problem (und damit dem eigentlichen Kern seines Buchbeitrags) zuwendet. Hier heißt es zunächst: »Es gibt, wie sich zeigt, unbelebte Materie, Leben und Bewußtsein. Es ist unsere Aufgabe, über diese drei Phänomene und ihre Beziehungen zueinander nachzudenken, und besonders über den Platz des

Menschen im Universum und über die menschliche Erkenntnis« (190), bevor er auf etwas bemerkenswerte Weise einen induktiven Schluß vorstellt, wenn er sagt, das Bewußtsein wisse, »daß wir alle sterben müssen« (194). Für einen strengen Anti-Induktivisten wie Popper ist dies in der Tat eine seltsame Inkonsequenz, die sich jedoch auch leicht beiseite schieben läßt, wenn man sich vorwiegend mit seinem Drei-Welten-Modell und Bemerkungen zum Leib-Seele-Problem beschäftigen will.

Diese beiden Gebiete sind innerhalb der Popperschen Philosophie nicht erst isoliert voneinander zu betrachten, um dann – sozusagen nachträglich – eine Synthese herstellen zu müssen, sondern gehen auseinander hervor und liegen als Interaktionspotential zwischen der heuristischen Welten-Dreiteilung eng beieinander. Um dies zu bekräftigen, hebt Popper allerdings die pragmatische Heuristik (namentlich von Welt 3) nahezu auf und teilt ihr auf diese Weise eine stark ontologische Dignität zu, die oftmals den Eindruck nicht ganz abzuwehren vermag, daß mit der ›Objektivität‹ seiner drei Welten eine allzu unvermittelte Unmittelbarkeit in den Raum gestellt wird (vgl. Kap. P 2, ›11. Die Wirklichkeit der Welt 3‹, 64).

Um die Wechselwirkungshypothese zwischen den einzelnen von ihm isolierten Welten (seien sie nun heuristisch oder ontologisch als wirklich gedacht) besser und übersichtlicher verstehen zu können, bietet sich erneut ein Schaubild an (s. S. 154).

Die abstrakten Gegenstände der Welt 3 sind hierbei als die Erzeugnisse des menschlichen Geistes zu verstehen, die über das Eingreifen der Welt 2 als einer psychischen Prozessualität einen Einfluß auf Welt 1 auszuüben vermögen. Diese untereinander bestehende Wechselwirkung unterliegt keiner deterministischen Kausalität, sondern der individuellen Freiheit und der damit verbundenen künstlerischen Kreativität, die Popper in den vorliegenden Passagen etwas

Welt 3 (Erzeugungen des menschlichen Geistes)	(6) Kunstwerke; wissenschaftliche Entdeckungen
	(5) Menschliche Sprachen; Theorien, Mythen (über uns selbst und über den Tod)
Welt 2 (subjektive Erlebnisse)	(4) Ich-Bewußtsein und Wissen um den Tod
	(3) Empfindung (tierisches Bewußtsein)
Welt 1 (physikalische Gegenstände)	(2) Lebende Organismen
	(1) Die schweren Elemente; Flüssigkeiten und Kristalle
	(0) Wasserstoff und Helium

(vgl. 38)

stärker in den Vordergrund rückt als in seinen früheren Arbeiten, wo das Thema der Theoriengenese und der artifiziellen Innovationsfähigkeit weniger mit dem Aspekt der Freiheit als mit dem (pejorativ gemeinten) Aspekt des ›Psychologismus‹ in Verbindung gebracht wurde. Das Vermögen zur Freiheit, vom individuellen Ich aus eine innovierende Einwirkung auf eine der drei Welten (und damit – aufgrund ihrer Interdependenz – auf das breite Spektrum aller drei Welten) auslösen zu können, d. h., über die »Emergenz des Bewußtseins« (259) zu verfügen, ist der Poppersche Vorschlag zur Lösung des Leib-Seele-Problems (wobei freilich unter ›Lösung‹ immer nur eine konjekturale Hypothese zu verstehen ist).

Diese ›Emergenz des Bewußtseins‹ im Zusammenhang mit der Drei-Welten-Wechselwirkung ist der Ort, an dem wissenschaftliche und künstlerische Leistungen der Menschen entstehen, wie sie von keinem (auch noch so ausgereiften) Computer erbracht werden können. Denn hier liegt das nicht mit Händen zu greifende – und erst recht nirgends implantierbare – Moment der *Freiheit* und des Denkens, das über das bloße Kalkulieren im operational-technischen Sinne hinausgreift.

Während der Nobelpreisträger und Hirnphysiologe John Eccles eine bei weitem stärkere Analogie zwischen Gehirn und Computer sieht (die er dafür aber mit einer stark metaphysisch-spekulativen These verknüpft; vgl. u. S. 159f.), zeigt Popper die Grenze zwischen Mensch und Maschine recht deutlich – aus philosophischer Reflexion heraus – auf, wenn er etwa fragt: »Können Computer denken?... Ich würde ohne zu zögern sagen, daß sie es nicht können, ungeachtet meines grenzenlosen Respekts für A. M. Turing, der das Gegenteil meinte... Aber ich sage voraus, daß es uns nicht gelingen wird, elektronische Computer mit bewußter subjektiver Erlebnisfähigkeit zu bauen« (256).

Erstaunlich ist an diesen Sätzen zwar einerseits, daß Popper trotz seiner Bedenken gegenüber der Prognosefähigkeit und Prophezeiung (in ›Das Elend des Historizismus‹) ganz unumwunden Voraussagen trifft, aber entscheidender an seiner Aussage ist wohl, welches Licht hier auf die Forschungsbemühungen um ›Artificial Intelligence‹ fällt. Denn »Computer sind völlig anders als Gehirne, deren Funktion nicht primär die ist, zu rechnen, sondern einen Organismus zu leiten und zu stabilisieren und ihm zu helfen, am Leben zu bleiben« (257), was auch bedeutet, daß die Bemühung um künstliche Intelligenz als fruchtlos angesehen wird, da man zwar alles mögliche in Computer füttern kann, nur eines nicht, nämlich *menschliche Freiheit*.

In einigen Punkten faßt Popper seinen Buchteil zusammen, wobei er als ersten Aspekt seine Kritik am Materialismus in Erinnerung ruft und als zweiten Punkt die Kritik am Parallelismus und an der Identitätstheorie nennt (während er seinen eigenen Standpunkt – der wechselseitigen Interaktion zwischen Leib und Seele wegen – als ›Dualismus‹ kennzeichnet). Hierzu gehören auch seine Verteidigung seiner Existenztheorie des Bewußtseins gegen Ideologieverdacht und vor allem die Betonung der Offenheit von Welt 1 sowie die Unabgeschlossenheit aller – nicht nur wissenschaftlicher – Theorien. Sein letztes Kapitel (P 6, ›Zusammenfassung‹) beschließt er mit folgenden Worten: »Natürliche Auslese und Selektionsdruck stellt man sich gewöhnlich als das Ergebnis eines recht gewaltsamen Kampfes ums Dasein vor. Aber das ändert sich mit der Emergenz des Bewußtseins, der Welt 3 und der Theorien. Wir können jetzt unsere Theorien den Kampf ausfechten lassen – wir können unsere Theorien sterben lassen, an unserer Stelle... Mit der Emergenz der Welt 3 braucht die Auslese nicht mehr länger gewaltsam zu sein: Wir können falsche Theorien durch gewaltlose Kritik beseitigen. Gewaltlose kulturelle Evolution ist nicht nur ein utopischer Traum; sie ist vielmehr ein mögliches Ergebnis der Emergenz des Geistes durch die natürliche Auslese« (259).

Mit diesen optimistisch stimmenden Schlußbemerkungen gibt er das Wort an seinen Koautor und Freund John C. Eccles weiter, bevor die letzten 165 Seiten des (insgesamt knapp 700 Seiten umfassenden) Buches einer dialogischen Diskussion zur näheren Verständigung – aber auch zur Kennzeichnung der divergierenden Perspektiven – dienen sollen.

John C. Eccles sieht in der modernen Hirnphysiologie zahlreiche Hinweise, mit denen sich Poppers Erkenntnistheorie empirisch und seine Drei-Welten-Lehre ontologisch stützen lassen. Allerdings warnt er gleich in seinem Vorwort vor übertriebenen Hoffnungen bezüglich des Forschungsstandes seiner eigenen Disziplin: »Es besteht eine allgemeine Tendenz, die wissenschaftliche Kenntnis des Gehirns überzubewerten, was bedauerlicherweise auch bei vielen Hirnforschern und Wissenschaftsautoren der Fall ist« (281), wohingegen er betont: es werde von ihm »nicht behauptet, daß unser gegenwärtiges wissenschaftliches Verständnis des Gehirns irgendeines der philosophischen Probleme, die das Thema dieses Buches sind, lösen wird« (281), bevor er jedoch eine Seite weiter (und im selben Vorwort) darauf hinweist, wie sein eigener Standpunkt zu verstehen ist: »Es ist eine dualistisch-interaktionistische Theorie, die stärker ist als jede bisher vorgelegte. Ihre Stärke ergibt sich aus logischer Notwendigkeit. Schwächere Theorien sind unausweichlich auf den materialistischen Monismus reduzierbar« (282).

In seinem ersten Kapitel über ›Die Großhirnrinde‹ beschreibt Eccles die physiologischen Grundlagen des Zentralnervensystems mit seinen synaptischen Verbindungen, Nervenfasern, Dornfortsätzen und Dendriten sowie seiner Zweiteilung in die dominante und subdominante Hirnhemisphäre, die über das Corpus callosum (ein Nervenfaser-Bündel, auch ›Balkenkörper‹ genannt) untereinander in Verbindung stehen. Hier wird bereits deutlich, wie stark seine naturwissenschaftliche Perspektive an einer elektronisch orientierten Semantik ausgerichtet ist, wenngleich er versichert, daß die physiologische »Moduloperation Komplexitätsgrade erreicht, die jede Vorstellung überschreiten und auch grundsätzlich anders als die integrierten Schaltkreise der Elektronik arbeiten« (298). Auch beruhigt er eventuell besorgte Leser mit dem mehrfach geäußerten Hinweis, daß Hirnrindenuntersuchungen bisher nur an Affen und Katzen vorgenommen wurden. »Bisher hat noch niemand die menschliche Großhirnrinde auf dem erforderlichen elektronenmikroskopischen Niveau untersucht, um beurteilen zu können, ob irgendein Unterschied besteht, ob in der menschlichen Hirnrinde eine Feinstruktur von Verbindungen vorhanden ist, die sich von derjenigen im nichtmenschlichen Primatenhirn unterscheidet« (299).

Dennoch ist es recht interessant – wenn auch nur kat'ana-logian –, einiges über die zerebralen Grundmuster zu erfahren, wie sie von der modernen Hirnphysiologie gesehen werden. Dazu gehören Hypothesen über die Sinneserfahrung wie etwa die Tastempfindung, das Sehen oder das Hören sowie Vermutungen über die emotionale Färbung bewußter Wahrnehmungen.

Aber ganz anders als der Mensch oder das Ich bei Popper kann das Gehirn »als ein bemerkenswert erfolgreicher neuronaler Computer betrachtet werden« (351), zumal sich Eccles nicht scheut, die neuronale ›Abfeuerung‹ wie auch die modulären Einteilungen noch ontologischer – quasi von sich aus in Begriffe eingeteilt – zu betrachten als Poppers unvermittelte Unmittelbarkeitsvorstellung bezüglich der ›Objektivität‹ von Welt 3. Dies wird besonders dadurch deutlich, daß er ein pathologisches Abweichen vom hypostasierten Normalfall unvermittelt als Beweis für die Richtigkeit seiner anomaliefreien Hypothesen zur Hirnphysiologie ansieht, wenn er etwa anhand einiger (weniger) Kommisurotomie-Patienten – d. h. bei Patienten mit operativer Durchtrennung des Corpus callosum – die Beeinträchtigung verschiedener Fertigkeiten konstatiert (vgl. Kap. E 5 über ›Globale Läsionen des menschlichen Großhirns‹). So kann er ›20 Fälle‹ demonstrieren, bei denen wegen einer therapieresistenten Epilepsie die operative Durchtrennung des (sicherlich nicht zu Unrecht so onomatopoetisch genannten) ›Balkenkörpers‹ als medizinisch indiziert angesehen werden konnte, weil dieser Eingriff »zu einer bemerkenswerten Besserung... geführt« hat (380).

Mit solchen medizinisch relevanten Tests wird die Überzeugung gestützt, daß zwar verschiedene – nämlich dominante und subdominante – Hirnhemisphären miteinander in Interaktion stehen, wobei weitgehend die Lateralität (also die Links- oder Rechtshändigkeit) als Beweis dafür genommen wird, daß die kontralaterale Hemisphäre die jeweilige

Dominanz ausmacht. »In dieser Hypothese können wir die untergeordnete Hemisphäre als etwas betrachten, das einen dem nichtmenschlichen Primatengehirn überlegenen Status besitzt« (396).

Seine ausführlichen (großenteils aber auch redundanten) Beschreibungen des menschlichen Gehirns sollen Eccles jedoch nicht nur dazu dienen, eine möglichst differenzierte und anschauliche Darstellung des Zentralnervensystems vorzustellen, sondern vor allem dazu beitragen, seine eigene metaphysische Vermutung eines sich seiner selbst bewußten Geistes mit ontologischer Dignität plausibel zu machen. Die metaphysische Hypostasis (Verdinglichung von Begriffen) eines seiner selbst bewußten Geistes ist Eccles' dringlichstes Anliegen, auf das er auch sechs Kapitel hindurch aufmerksam macht, bevor im Kapitel E 7 expressis verbis (ohne Artikel) ›Selbstbewußter Geist und das Gehirn‹ thematisiert werden.

In diesem Kapitel wird Eccles' Perspektive – nachdem sie zuvor physiologisch interessant war – auch philosophisch recht spannend, denn hier werden Überlegungen angestellt, die nicht nur mit besonderer Originalität aufwarten, sondern auch größere Distanz zu Berührungspunkten mit Popper erkennen lassen. Gleich zu Beginn weist Eccles darauf hin, daß »in diesem Kapitel eine neue Theorie entwickelt [wird], über die Art und Weise, wie selbstbewußter Geist und Gehirn in Wechselwirkung stehen. Diese Theorie ist ein ausgesprochener Dualismus, und aus ihr ergeben sich sehr ernsthafte wissenschaftliche Probleme ... der Bewußtseinszustände, die hier als selbstbewußter Geist bezeichnet werden« (248), wobei »diese Hypothese in Kürze besagt, daß der selbstbewußte Geist eine unabhängige Einheit darstellt« (428).

Eccles' neurobiologische Hypothese kommt daher Poppers Vermutung einer Drei-Welten-Theorie nicht nur entgegen, sondern bietet sich sogar darüber hinaus an, die Existenzannahme eines sich seiner selbst bewußten Geistes in dieses Schema ergänzend einzubringen.

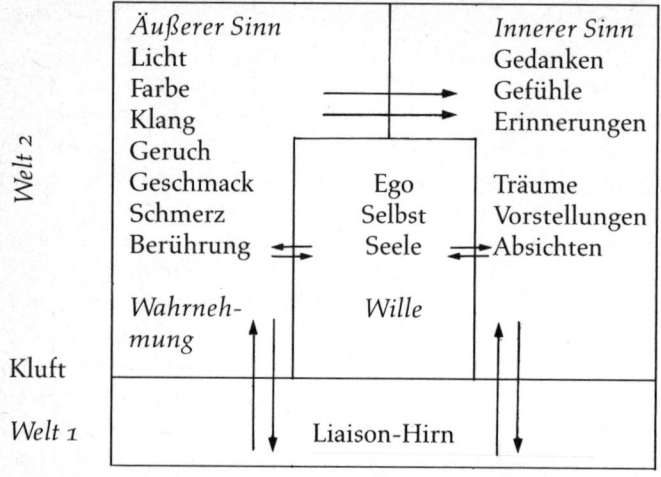

	Äußerer Sinn		Innerer Sinn
	Licht		Gedanken
	Farbe		Gefühle
	Klang		Erinnerungen
Welt 2	Geruch		
	Geschmack	Ego	Träume
	Schmerz	Selbst	Vorstellungen
	Berührung	Seele	Absichten
	Wahrneh-mung	Wille	
Kluft			
Welt 1		Liaison-Hirn	

Interaktion von Gehirn und Geist (vgl. 433)

Die in der Tabelle zum Ausdruck gebrachte Interaktion zwischen Gehirn und Geist betrifft den Kontakt zwischen Poppers Welt 1 und Welt 2, aber auch die Verlegenheit, eine nicht stofflich gegebene Instanz (wie das Selbstbewußtsein) zu lokalisieren. Aber »wenn selbstbewußter Geist mit kreativem Nachdenken über Probleme oder Ideen beschäftigt ist, scheint eine direkte Interaktion von Welt 2 und Welt 3 zu bestehen« (434). Daher wird postuliert, daß der seiner selbst bewußte Geist die Moduln des Gehirns abtastet und in diese eindringt, sofern sie gerade offenstehen, was in Phasen des Schlafes oder der Bewußtlosigkeit nicht der Fall zu sein scheint (vgl. 441 und 448 f.).

Aber »jeden Tag kehrt das Bewußtsein zu uns zurück mit seiner im wesentlichen durch die Stunden der Bewußtlosigkeit im Schlaf ungebrochenen Kontinuität (434). Somit

160

sind nachts unsere motorischen Pyramidenzellen als geschlossen vorgestellt, die dabei dem sich seiner selbst bewußten Geist eine Anpeilung verweigern, während tagsüber die kortikalen Moduln teilweise offen- oder wenigstens halb offenstehen; und »jeder Modul kann mit einer Radio-Überträger-Empfänger-Einheit verglichen werden« (441) oder besser noch mit einem Fernsehgerät, bei dem die in rascher Folge auftretenden einzelnen (und verschieden stark getönten) Lichtpunkte ein dynamisches Bild zu sehen erlauben. (Daß eine solche Analogie selbst nur ein Bild bzw. eine grob skizzierende Metapher sein kann, wird im Ecclesschen Text allerdings nicht mit angegeben.) »Die auf diese Weise selektierten Moduln bilden für den Augenblick die Welt 1 – Seite der Kontaktstelle zwischen Welt 1 und Welt 2« (443), aber das »Herauslesen durch den selbstbewußten Geist hat nichts mit anatomischer Berührung zu tun, sondern mit den in funktioneller Kommunikation durch Assoziations- oder sogar mittels Kommissurenfasern stehenden Moduln« (444).

Nicht weiter überraschend ist dann auch ein Kapitel über ›Schlaf, Träume und andere Formen der Bewußtlosigkeit‹, in dem unter empirischer Beweiskraft von Elektroenzephalographen gezeigt wird, daß die Aktivität des selbstbewußten Geistes in Schlafzuständen zwar nicht etwa aufhört, aber eher einer ungeordnet-chaotischen Aktivität gleicht (vgl. 445–448). Wie wir also abends vor dem Zubettgehen die Rolläden herunterlassen, so schließt auch das Gehirn an seinen Pyramidenzellen die Moduln, bevor sie am nächsten Tag allmählich wieder aufgehen. »Beim Aufwachen scheint sich der selbstbewußte Geist allmählich zusammenzureißen und einige organisierte offene Moduln zu finden, eine Erleuchtung hier oder dort in musterförmiger Operation, und bald kommt das dämmernde Bewußtsein des neuen Tages in Flecken und in begrenzten Erfahrungen, und allmählich versammelt sich alles« (446).

Konsequenterweise wird dann auch der Tod als der verlängerte Arm des Schlafes und der Bewußtlosigkeit gedeutet, denn »dann steht alle cerebrale Aktivität für immer still«[11] (448). All dies läßt sich sogar empirisch streng beweisen, da es der Neurophysiologie möglich ist, mit Hilfe komplizierter Apparaturen die neuronalen ›Abfeuerungen‹ zu messen, wenngleich es nicht möglich ist, den ›Sitz‹ des sich seiner selbst bewußten Geistes zu lokalisieren. Dies ist jedoch auch nicht erforderlich, denn so kommt er in seiner individuellen Souveränität zum Ausdruck (wenn auch nicht zur ›Erscheinung‹), während die neuronale Aktivität eine Reaktion auf seine Existenz (in metaphysischer Konjektur) ausmacht. Alle Formen des menschlichen Denkens, Erkennens, des Erinnerns, der Willkürbewegungen und der Gedächtnisspeicherungen werden von diesem Modell abgedeckt, das sich an Poppers Drei-Welten-Theorie anlehnt. Daß ein solches Modell allerdings unüberprüfbare Implikationen aufweist (und von daher keine empirisch-wissenschaftliche Theorie im Sinne der ›Logik der Forschung‹ ausmacht), ist beiden Autoren bewußt.

Als ›Teil III‹ des Buches werden in zwölf Dialogen zwischen Popper und Eccles – bei denen letzterer seinen Freund mit Karl anredet und dieser ihn mit Jack – die zuvor ausgeführten Erörterungen nochmals debattiert, wobei Popper einräumt: »Wir wissen sehr gut, daß das Ich keine materielle Substanz ist, aber das sozusagen nicht-materielle Gespenst in der Maschine ist keine schlechte Hypothese, mit deren Hilfe das Ich ein Selbstverständnis erreichen kann. Mit anderen Worten, ich glaube, daß eine solche Vorstellung eine fast notwendige Stufe . . . ist, um uns selbst als Ich zu verstehen, obwohl es natürlich eine sehr naive und rohe Stufe darstellt. Aber wir werden sie niemals ganz los, so wie wir praktisch niemals unsere Verdinglichung loswerden« (550). Damit legt Popper zwar seine eigene Meßlatte des Abgrenzungskriteriums bei weitem tiefer an als in seinen frühen theoretischen Schriften, aber er zeigt mit dieser Offenheit für andere Problembereiche auch an, daß keine Wissenschaft bei Null anfängt, sondern durch permanente Diskussion ihrer Hypothesen wachgehalten wird.

Sowenig aber die Forschung bei Null beginnt, so wenig kennt sie ihr Endziel, weshalb man selbst bei großen Entdeckungen immer gut beraten ist, um sein sokratisches Nichtwissen mitzuwissen. Dies gilt auch für Eccles' hirnphysiologischen Interaktions-Dualismus und die darin zum Ausdruck gebrachte Hauptthese, die nicht mehr als eine Annahme oder Vermutung sein kann: »Es ist eine fortlaufende, ständig wechselnde Operation des Geistes auf das Gehirn vorhanden, und deshalb müssen wir annehmen, daß es eine sehr bemerkenswerte Offenheit des physikalischen Systems des Gehirns gibt« (566), während »der Schlaf eine natürliche wiederholte Bewußtlosigkeit [ist], für die wir nicht einmal den Grund kennen« (586).

Nicht alles kennen und wissen zu können, ist das Grundeingeständnis beider Dialog-Partner, die sich im Vorwort ihres voluminösen Gemeinschaftsprojekts als »Dualisten – genauer Pluralisten – und Anhänger der Theorie der Wechselwirkung« bezeichnen und dabei »hoffen, voneinander gelernt zu haben« (15).

9. KAPITEL

Weltverbesserung ohne Heilsversprechung

(Auf der Suche nach einer besseren Welt)

Mit puren Hoffnungen auf eine bessere Welt kann es nicht getan sein. Man muß schon selbst etwas tun, wenn man zum Bestehenden eine Alternative verwirklichen will; wer nichts tun will, darf sich zumindest nicht wundern, wenn alles einen ganz anderen Verlauf nimmt. Vor allem sind Klagen über den Status quo fehl am Platz, wenn gleichzeitig der Einsatz dafür fehlt, die Fehler am Status quo zu beseitigen. Die Realität oder die Geschichte, die Wissenschaft oder die Politik – alle verstanden als ›objektive Theorien‹ einer subjektunabhängigen Wirklichkeit – sind von sich aus nicht in der Lage, Widersprüche zu entdecken, Mißstände zu eliminieren, nachteilige Situationen zu erkennen und darauf hin zu handeln. Die Welt 3 in Poppers Sinn handelt nicht, denn sie ist kein Subjekt. Sie ist ein Produkt bisherigen Handelns, sie ist das Resultat individueller Kulturbemühungen und Aktivitäten der Welt-2-Bewohner, die aufgrund ihres Einsatzes und ihrer Arbeit das Gebäude errichtet haben, das als die jeweils erreichte Kultur – mit all ihren Vorzügen und all ihren Nachteilen – den Status quo ausmacht. Die Kultur selbst war dabei lediglich passiv das Vorbild für Reformpläne und Renovierungen des eigenen Gebäudes; die Verwirklichung der Pläne (wie auch deren Auffinden) konnte sie niemandem abnehmen. Ergebnisse subjektiven Handelns können von sich aus nicht aktiv bleiben, sondern bedürfen weiterer ständiger Bearbeitung und Einsatzes an Energie. Fortschritte in Politik, Wissenschaft,

Humanität und Kultur vollziehen sich nicht von allein, wie es erst recht nicht zu erwarten ist, daß eines Tages das Paradies vor der Tür steht, die sich dann auch noch von allein öffnen würde.

Die kulturelle Welt 3, von der Popper in solch deutlicher Betonung ihrer Subjektunabhängigkeit (d. h. Passivität und Planlosigkeit) spricht, kann keine Arbeit an ihr abnehmen, wie sie auch nicht ohne Arbeit zustande gekommen ist. Das ist aber nur eine Seite, wenn bestehende Verhältnisse beklagt werden.

Die andere Seite, bestehende Verhältnisse zu beklagen, kann aber auch dadurch beschrieben werden, daß mit einer übertriebenen Wachsamkeit und einer damit einhergehenden Überschätzung der Möglichkeiten nicht nur der Versuch allmählicher und stückweiser Reform unternommen wird, sondern mit holistischen Ganzheitskonzepten am grünen Tisch des Reißbretts Totalumstülpungen entworfen werden, an deren Genialität alle glauben sollen (widrigenfalls gar dran glauben müssen). Da würde mit einer Hypervigilanz der elitäre Standpunkt vertreten, eine privilegierte Sicht der Dinge und eine klare Vorstellung der Utopie zu besitzen, während alle übrigen noch der Erziehung zum richtigen Bewußtsein bedürfen, bis dahin aber wenigstens vor den Karren der eigenen Revolte gespannt werden dürfen, bis ihnen das falsche Bewußtsein von allein vergeht...

Diese beiden Seiten, die hier skizziert werden sollten, sind zweifelsohne extreme Seiten, aber sie liegen trotzdem nicht außerhalb des Spektrums, das es zu berücksichtigen gilt, wenn mit behutsamer Duldsamkeit und intellektueller Verantwortlichkeit die Zweckmäßigkeit der Mittel so austariert werden muß, daß nicht gleich das Kind mit dem Bad ausgeschüttet wird oder aus No-future-Resignation der gesamte Reinigungssinn einer Ignoranz zuliebe gar nicht erst bedacht wird.

Popper weiß um den unermüdlichen Einsatz für eine bessere Welt, er weiß aber auch, daß hierzu ein kühler Kopf vonnöten ist, denn gerade für die Veränderung eines so heiklen und leicht verletzbaren – vor allem aber unersetzbaren – Gegenstandes wie der ›Welt‹ ist Hitzköpfigkeit ein gefährliches Konzept. Überhaupt ist es gar nicht so wichtig, mit fertigen Konzepten zu Werke zu gehen, sondern mit einer Arbeitsweise, die sich zum einen leicht nachvollziehen lassen muß (d. h. mit einer vernünftigen Arbeitsweise, die sich rational vertreten läßt) und zum anderen mit einer Arbeitsweise, die sich aufgrund ihrer rationalen Argumentation zur Diskussion stellen und gegebenenfalls auch kritisieren lassen kann.

Die Methode, die Popper hierfür vorschlägt, besteht im unermüdlichen Suchen nach Mißständen und Fehlern, im Beseitigen der gefundenen Unzulänglichkeiten und dann erst im Ändern der Konzepte. Ein Fehler oder Mißstand im Status quo stellt ein Problem dar (P_1), das eines ersten Einsatzes bedarf, nämlich einer Lösungshypothese (TT, ›tentative theory‹), zu deren Auffinden Erkenntnis-Interesse erforderlich ist. Diese Lösungshypothese kann mit Hilfe der Logik (als eines ›Organons zur Kritik‹) auf Kohärenz hin untersucht, einer Diskussion darüber preisgegeben werden und daraufhin zur Korrektur gelangen (EE, d. h. durch ›error-elimination‹). Eine solchermaßen überprüfte und ausgewogene Hypothese läßt sich als Änderung des für bis dato unzulänglich erachteten Konzepts einbringen, was aber zu keiner Zeit bedeuten kann, nun eine Lösung mit Ewigkeitswert gefunden zu haben, sondern nur eine Konzeptvariante, die sich der früheren Art gegenüber als geeigneter erweist, aber auch diesen Status – zumindest potentiell – wieder verlieren kann, wenn noch bessere Lösungen gefunden werden etc. ($P_2 \ldots P_n$).

Die ›Suche nach einer besseren Welt‹ gestaltet sich also keineswegs ohne rastloses Bemühen und geduldiges Überprüfen selbst der eigenen Änderungsvorschläge, wofür Poppers eigener Einsatz als mustergültiges Vorbild angesehen werden kann, wenn man nur sein vorläufig letztes Buch in Betracht zieht, das er im stolzen Alter von 82 Jahren vorgelegt hat.

Poppers ›Suche nach einer besseren Welt‹ ist (wie auch seine – noch nicht in deutscher Sprache erschienene – Kompilation ›Conjectures and Refutations‹[1] oder wie seine ›Objektive Erkenntnis‹, vgl. o. Kap. 3 und 6) ›nur‹ eine Aufsatzsammlung, weshalb auch der Untertitel ›Vorträge und Aufsätze aus dreißig Jahren‹[2] lautet, aber zum einen sind darin noch unveröffentlichte Passagen enthalten, und zum anderen ist es in seiner Komposition eine Revue auf Poppers unermüdlichen Einsatz gerade darum, was der Titel des Buches zum Ausdruck bringt.

Da die Schwerpunkte in Poppers Gedankenwelt bereits dargelegt worden sind, können wir uns hier im wesentlichen auf bislang ausgeblendete (oder unveröffentlichte) Aspekte konzentrieren: insbesondere Poppers Vermutungen zur Ethik und seine Bemerkungen zur ›öffentlichen Meinung im Lichte der Grundsätze des Liberalismus‹. Bereits bekannte Ansätze werden nur kurz gestreift.

In einem ersten Teil seiner ›Suche nach einer besseren Welt‹ kommt Popper auf das für die Philosophie des Kritischen Rationalismus insgesamt zentrale Thema der ›Erkenntnis‹ zu sprechen. Dabei arbeitet er Gesichtspunkte heraus, die den Anspruch einer ›unity of method‹ erfüllen: Lösung des (Humeschen) Induktionsproblems durch Verifikationsverzicht zugunsten der Falsifikation (via deductionis) aus rein logischen Gründen, Fortschrittsformel für das ›trial and error‹-Verfahren und ›3-Welten-Theorie‹. Diese zur Abgrenzung gegen Pseudowissenschaft relevanten Kriterien erlauben eine für alle Zweige der Wissenschaft verbindliche Norm zur methodisch rationalen Vorgehensweise.

»Wir leben in einer Zeit, in der wieder einmal der Irrationalismus Mode geworden ist. Ich will daher mit dem Bekenntnis beginnen, daß ich die naturwissenschaftliche Erkenntnis für die beste und wichtigste Erkenntnis halte, die wir haben – wenn auch bei weitem nicht die einzige« (11).

Popper verzichtet in dieser Eingangsbemerkung darauf, die aus seiner Sicht irrationalen Methoden aufzulisten, die jedoch im weiteren Verlauf des Buches unübersehbar sind. In Absetzung gegen die Dialektik und gegen die Hermeneutik, aber auch gegen den Relativismus (den er als »eines der vielen Verbrechen der Intellektuellen« sowie als »Verrat an der Vernunft und an der Menschheit« anprangert, 14) hält er unerbittlich an der Korrespondenztheorie fest, für die er zahlreiche Beispiele aus der Naturwissenschaft nennt und mit der er vor allem an die Überlegungen Tarskis anknüpft: »Eine Theorie oder ein Satz ist wahr, wenn der von der Theorie beschriebene Sachverhalt mit der Wirklichkeit übereinstimmt« (13). Dies ist allerdings auch eine unabdingbare Voraussetzung für eine Methodologie, die den Fortschritt dadurch zu denken erlaubt, daß hypothetische Konstrukte über das Falsifikationsprinzip in Kontakt mit der Realität stehen. Denn wenn eine Theorie nicht an der Wirklichkeit (sondern nur an anderen Theorien) scheitern kann, entfällt auch die Vorstellung vom Fortschritt zugunsten einer ontologischen Relativität, die der Popperschen 3-Welten-Struktur diametral entgegengesetzt wäre. In eins damit wäre jegliche Annäherung an die Wahrheit oder ›verisimilitude‹ unmöglich, was auch verhängnisvolle Folgen für die Objektivität wissenschaftlicher Theorien zeitigen würde.

Im Zusammenhang mit den ›sogenannten Quellen der Erkenntnis‹ (Kap. 3) und deren Bedeutung für ›Wissenschaft und Kritik‹ (Kap. 4) macht Popper auf den innovierenden und schöpferischen Faktor aller Theoriengenese aufmerksam, der auch in der englischen Übersetzung seiner ›Logik der Forschung‹ anklingt[3]: Aber »die Fragen der Wissenschaftslehre haben mit Quellen eigentlich nichts zu tun. Was wir fragen ist vielmehr, ob eine Behauptung wahr ist – das heißt, ob sie mit den Tatsachen übereinstimmt« (61). Was Popper also ablehnt, ist alle Beschäftigung mit dem Zustandekommen von theoretischen Einfällen, da sich hier – ›in statu nascendi‹ – die Gefahr der Vermischung zwischen Subjekt und Objekt aufdrängt, die er als »Ästhetizismus« (103) charakterisiert und verwirft, zumal damit die Nähe zur Dialektik gegeben wäre, von der er sich nicht nur aus epistemologischen, sondern auch aus politischen Gründen distanziert. Rein politische Gründe (und keine namentlichen Anspielungen) sind es, die ihn zu der Bemerkung veranlassen, daß »der neuzeitliche linke Kohl... gewöhnlich noch etwas anrüchiger [ist] als der neuzeitliche rechte Kohl« (104).

Der zweite Teil seines Buches enthält Anmerkungen zum ›culture clash‹ und ist ›Über Geschichte‹ überschrieben: Keineswegs alle historischen Auseinandersetzungen müssen kriegerische Konsequenzen haben, sie können auch »Anlaß zu einer fruchtbaren und lebensfördernden Entwicklung sein« (128), meint Popper in Übereinstimmung mit Toynbee. Zwei weitere Kapitel erläutern die Vorzüge der Aufklärung – deren erstes einen Wiederabdruck von ›Immanuel Kant: Der Philosoph der Aufklärung‹ (vgl. o. S. 111ff.) ist. Die ›Selbstbefreiung durch das Wissen‹ kann freilich bei Überstrapazierung auch zu einem Janusgesicht der Aufklärung führen und bedarf somit permanenter Disziplinierung auf die eigenen Grenzen hin. »Was richtig ist, ist nur dies: daß unsere Ideen Mächte sind, die unsere Geschichte beeinflussen. Aber es ist wichtig, einzusehen, daß auch an sich gute und edle Ideen manchmal einen sehr verhängnisvollen Einfluß auf die Geschichte haben können« (155). Ob ›gut gemeint‹ auch wirklich gut ist, muß sich in der Härte der Realität erproben lassen, wobei zu dieser natürlich auch ein verborgener Widerspruch innerhalb des gut gemeinten Vorschlags gehören kann. Einen Verbesserungsvorschlag gut gemeint zu haben ist somit lediglich eine notwendige, aber noch keine zureichende Voraussetzung. »Die Gefahr des Fanatismus, und die Pflicht, sich ihm dauernd entgegenzustellen, ist wohl eine der wichtigsten Lehren, die wir aus der Geschichte ziehen können« (159).

Wenn Popper einen Vortrag über ›Die öffentliche Meinung im Lichte der Grundsätze des Liberalismus‹ beginnt (Kap. 11), soll nicht verschwiegen werden, daß er damit keine Fraktionsrede zu halten gedenkt. »Ich möchte betonen, daß, wenn ich über den Liberalismus spreche, ich nicht an gewisse Parteien denke, sondern an gewisse Prinzipien« (165). Und wenn es um philosophische Prinzipien oder Grundlagen des Liberalismus geht, dann bedarf es auch nicht eigens der Untersuchung darüber, welche Partei in welchem Maße und mit welcher Berechtigung versucht hat, sich auf das Trittbrett der modernen Erkenntnistheorie von Karl Popper zu stellen. Wann immer liberale Grundsätze in das Programm einer demokratischen Partei einfließen und damit zur ideologischen Entzerrung und zur individuellen Freiheitswahrung beitragen, kann dies kein Gegenstand einer Debatte sein, ob das erlaubt sei oder nicht. Es reicht völlig, wenn es die Taten auch erkennen lassen.

Als Meßlatte dazu stellt Popper acht Thesen als ›Grundsätze des Liberalismus‹ auf:

1. »Der Staat ist ein notwendiges Übel. Seine Machtbefugnisse sollten nicht über das notwendige Maß hinaus vermehrt werden. Dieses Prinzip könnte man das ›liberale Rasiermesser‹ nennen.«

2. Liberale Demokratie heißt wählen und abwählen können. »In einer Demokratie [kann man] seine Regierung ohne Blutvergießen loswerden, in einer Despotie aber nicht.«

3. Demokratie soll »selbst gar nichts tun – handeln können nur die Bürger«.

4. »Nicht weil die Majorität immer recht hat, sind wir

Demokraten, sondern weil demokratische Institutionen . . . bei weitem die unschädlichsten sind, die wir kennen.«

5. Reiner Institutionalismus ohne traditionelle Verankerung ist wertlos. »Traditionen sind notwendig, um eine Art Bindeglied zu schaffen zwischen Institutionen und den Intentionen und Wertbegriffen der Individuen.«

6. »Ein liberales ›Utopia‹ . . . ist eine Unmöglichkeit«, die Suche nach einer besseren Welt gelingt besser, wenn sie auf Heilsversprechungen Verzicht leistet.

7. »Liberalismus ist eher eine evolutionäre als eine revolutionäre Überzeugung [außer gegenüber einer Despotie].«

8. Parallel zum gesetzlichen und institutionellen Rahmen einer Tradition bedarf es des »moralischen Rahmens« einer liberalen Gesellschaft. (Vgl. zu 1.–8.: 169–172)

Als Orientierung für das Auffinden des im letzten Grundsatz postulierten ›moralischen Rahmens‹ können die zwölf Gebote für »eine neue Berufsethik« (227) aufgefaßt werden, die Popper im 14. Kapitel seines Buches – unter der Überschrift ›Duldsamkeit und intellektuelle Verantwortlichkeit‹ – skizziert[4]. Diese reichen von der Ablehnung von Autoritäten über die Unmöglichkeit, Fehler ganz zu vermeiden (1–4), weshalb »wir unsere Einstellung zu unseren Fehlern ändern [müssen]« (228), was das Lernen aus Fehlern anbelangt, auf die es von daher besondere Ausschau zu halten gilt, ohne die eigene Tür beim Kehren zu vergessen (5–9). Andere, die beim Auffinden von Fehlern behilflich sind, werden benötigt und sind nicht als Querdenker zu exkommunizieren, da »Kritik durch andere eine Notwendigkeit ist« (10–11, 228). Daraus folgt als Zusammenfassung: »12. Rationale Kritik muß immer spezifisch sein: Sie muß spezifische Gründe angeben, warum spezifische Aussagen, spezifische Hypothesen falsch zu sein scheinen oder spezifische Argumente ungültig. Sie muß von der Idee geleitet sein, der objektiven Wahrheit näher zu kommen. Sie muß in diesem Sinne unpersönlich sein« (229).

Daß damit keine Vollständigkeit und erst recht keine Endgültigkeit beansprucht wird, macht Popper in seinen abschließenden Worten kenntlich: Seine »Formulierungen als Vorschläge... sollen zeigen, daß man, auch im ethischen Gebiet, diskutierbare und verbesserbare Vorschläge machen kann« (229).

SCHLUSSBETRACHTUNG

Poppers Theorie des Kritischen Rationalismus läßt sich in einigen Thesen zusammenfassen, wobei stets berücksichtigt werden muß, daß diese nicht nur im Bereich der Theorie, sondern auch der Praxis und in allen wissenschaftlichen Disziplinen Geltungsanspruch erheben, allerdings weiß man zugleich, daß jeder Rationalismus nicht mit dem Gestus der Endgültigkeit auftreten kann, sondern selbst nur als hypothetischer Vorschlag zur Diskussion beizutragen versucht.

1. Der Agnostizismus hat nicht recht, wenn er davon ausgeht, wir könnten überhaupt nichts erkennen; denn wir wissen eine ganze Menge, wenn auch nicht mit abschließender Sicherheit.

2. Der Agnostizismus hat nicht ganz unrecht, denn umgekehrt proportional zu unserem Wissen steht unser Unwissen in seiner Unermeßlichkeit.

3. Zwischen dem unsicheren Wissen und dem sicheren Unwissen hat eine Erkenntnislogik anzusetzen, die – im wörtlichen Sinne – kritisch (krinein = abgrenzen) vorgeht.

4. Keine Daten oder Fakten, sondern Probleme bilden den Ausgang aller Erkenntnis (die nie isoliert von Interesse, nämlich an Lösungen, auftritt).

5. Lösungsversuche bedürfen eines Ausprobierens, wobei es unerheblich ist, ob man zwischen Natur-, Geistes- oder Sozialwissenschaften zu trennen versucht; das Ausprobieren kennzeichnet den Status einer ›tentative theory‹ und einer ›error-elimination‹.

6. Das Resultat der Fehlerausmerzung ist wieder nur eine Hypothese (die aber bis zu ihrer eventuellen Falsifikation als bewährt gelten kann).

7. Wissenschaftliche Objektivität (Welt 3) besteht als Resultat einer kritisierbar formulierten Bemühung um Wahrheitsannäherung.

8. Die deduktive Logik ist (im Gegensatz zur induktiven Verifikation) als ›Organon der Kritik‹ und in Form des ›modus tollens‹ in der Lage, falsche Theorien auszumerzen, soweit dies möglich ist.

9. Das deduktive Verfahren selbst ist ein rationaler Kritik zugängliches Verfahren und keine Immunisierungsstrategie.

10. Gegenstand der Kritik kann immer nur der Wahrheitsanspruch sein, der mit einer Theorie erhoben wird, weshalb nichtkritisierbare Theorien als unwissenschaftlich zu gelten haben.

Als Summe aus den obigen zehn Thesen folgt daher: Wo rationale Kritik nicht greifen kann, ist Irrationalismus (in Form von Dogmen, Glaubenssätzen und Doktrinen) am Werk. Irrationalismus läßt sich nicht widerlegen, sondern nur als solcher markieren und vermeiden.

Doch selbst wenn der Kritische Rationalismus als »riskante Konjektur«[1] ohne Anspruch auf endgültige Sicherheit eine logisch kohärente Methode ausmacht, ist er nicht unabhängig von stillschweigenden Voraussetzungen ontologischen Art. Die zur Überprüfbarkeit herangezogenen Theorien können nur einer logischen Kritik zugänglich gemacht werden, wenn man von ihrem prärationalen Zustandekommen absieht. Dies wiederum hat ein präkritisches Akzeptieren von ›Realität‹ zur Folge, an der Theorien gemessen (und nötigenfalls falsifiziert) werden sollen. Die Entscheidung für ›Realismus‹ bzw. ›Korrespondenztheorie‹ kann ihrerseits nicht rational sein, wie es auch Reflexionsprobleme hinsichtlich einer subjektunabhängigen Wirklichkeit gibt, da für deren Spezifikation kein Kriterium (außer dem bloßen Gegebensein) vorliegen kann.

Zu solchen – philosophisch noch keineswegs ausdiskutierten, wenn überhaupt ›aus‹diskutierbaren – Fragen gehört auch das Problem eines Fortschritts, für den kein Maßstab der Zukunft (und damit auch keine ›Marschrichtung‹) bekannt ist, was unterstreicht, daß »die Wissenschaft von offenen Problemen ausgeht und mit offenen Problemen endet« (Ausgangspunkte, 190).

Bei aller Notwendigkeit eines bestimmten Standpunkts und einer bestimmten Perspektive für die Beschreibung der Wirklichkeit besteht die Gefahr der Verwechslung von der Beschreibung (oder Interpretation) mit der Wirklichkeit selbst, die nie anders als interpretational, d. h. theorie-imprägniert, angesprochen sein kann; die Arbeit an ihrer Bedingung ist mithin unabschließbar, auch dann, wenn man um dieses Moment weiß (z. B. im Sinne einer ›unended quest‹). Es bedarf also zum Gelingen von möglichen Problemlösungen immer wieder eines guten Einfalls, um der nie auszuschließenden Folgeprobleme Herr zu werden. Dieser Umstand gehört philosophisch zentral zur Fortschrittsformel ($P_1 \rightarrow TT \rightarrow EE \rightarrow P_2 \rightarrow P_n$), da sich Probleme nur selten von allein zu lösen pflegen.

Zwar spricht Popper selbst im Zusammenhang der Theoriengenese an einer Stelle expressis verbis von »Ingenuität« (Objektive Erkenntnis, 225), also von der Erfordernis eines Talents zur Auffindung geeigneter Lösungen bei anstehenden Problemen, aber sein Schwerpunkt liegt doch vorwiegend im empirischen Bereich bereits formulierter Lösungsangebote, die es kritisch zu überprüfen gilt. Wie die Lösungen zustande kommen, d. h., woher eine Theorie stammt und aus welcher Wurzel sie sich nährt, gehört nach Popper in den außerrationalen Bereich der spekulativen Psychologie, weshalb er sich auch nicht weiter über die von ihm selbst so genannte ›Ingenuität‹ äußert. Die Theorien*genese* ist in der Tat außerrational, weshalb auch bereits bei Nietzsche der Satz zu finden ist: »Bevor ›gedacht‹ wird, muß schon ›gedichtet‹ worden sein«[2]. Der geniale Philosoph ist mithin der Dichter und Denker in Personalunion; er muß Theorien nicht nur auf ihre Rationalität hin überprüfen können, sondern diese auch zu entwerfen imstande sein, worauf die Philosophie seit der frühen Neuzeit aufmerksam zu machen versucht. In ihrer Ganzheit stellt sie somit einer ›Logik der Forschung‹ auch eine ›Kunst der Erkenntnis‹ (oder ›ars inveniendi‹) zur Seite.

Im Anschluß an Poppers Hinweis auf die Erfordernis einer Ingenuität soll hier noch ein Blick auf die philosophischen Stationen geworfen werden, in deren Tradition Popper steht und von denen aus sich seine kritischen Gedanken ebenso kritisch fortsetzen lassen.

Unabhängig von jener weitverbreiteten philosophiegeschichtlichen Einteilung, die die Epoche der Neuzeit erst mit Descartes beginnen läßt, kann diese Epochenschwelle auch vorverlagert werden zu Cusanus (vgl. o. S. 83–87), denn bei ihm findet sich bereits der neuzeitlich zentrale Aspekt der Besinnung auf das eigene Erkenntnisvermögen ohne Vermittlung einer dritten Person in Form des mittelalterlichen Gottes. Wenn von einer Kunst der Erkenntnisgewinnung sinnvoll die Rede sein soll, so gelingt dies nur, wenn ein philosophisches Programm auch tatsächlich den kreativ-individuellen Faktor als artifiziell-innovatives Moment der *Produktion* von Erkenntnis oder Forschung betont, wie dies bei Cusanus ausdrücklich der Fall ist. Wie die Forschung dann einzelwissenschaftlich und methodisch – z. B. empirisch – verfährt, ist zunächst sekundär, wenngleich diese Unterscheidung (sozusagen zwischen Zufall und Logik der Forschung) wie alle Einteilung mit zur Reflexion gehört. Cusanus stellt eine Regionentheorie auf, anhand derer auf ›enigmatische‹ (rätselhafte) Weise das konjektural-artifizielle Vorgehen des dynamischen Geistes (›mens‹) erklärt wird. Im wesentlichen geht es dabei um die Unterscheidung zwischen ›ratio‹ – als dem Bereich der logischen Trennung von Affirmation und Negation zum Zweck der Widerspruchsvermeidung – und ›intellectus‹ (als dem Bereich des Begreifens gerade dieser Einteilung und Unterscheidung) sowie um die angemessene ›mens‹ (von ›mensurare‹): Die *Konjektur* setzt eine individuelle Schöpferkraft oder Ingenuität voraus und begreift damit ihren selbst unteilbaren Grund aller Einteilungen im eigenen Talent (›vis conformativa‹). Es ist das nicht-rationale Können der individuellen Herstellung von rationaler Proportionalität, das ›posse fieri‹, mit dem sich das Individuum als ›alter deus‹ durch seine Kunst der Perspektive ›in creando‹ erfährt. Aber als ›alter deus‹ ist das schöpferische Individuum ›humanus deus‹ und löst seine menschlichen Probleme auf seine Art zu seinen Zwecken und zu seiner (menschlich endlichen) Verstehbarkeit, d. h. befriedigend in Hinsicht auf sein Erkenntnisbedürfnis und Interesse.

Mit seiner konjekturalen Kunst (›ars coniecturalis‹) vermag das Individuum den Stellenwert rationaler Begriffe zu erfassen. Insofern erscheint intellektuelles Begreifen als belehrte Unwissenheit ohne gelehrte Standpunktanmaßung: als ›docta ignorantia‹ ohne Doktrin. Die vom endlichen (aber dynamischen) Geist erfaßbare Wahrheit ist damit in ihrer notwendig rationalen Reduktion und als Wahrheit innerhalb der Grenzen der bloßen Vermutung gekennzeichnet, über die hinaus jeglicher Wahrheitsanspruch auf ontologische Dignität zur Gefahr wird. Nach Cusanus kann der Grund aller Rationalität – wie für Popper auch – zwar nicht selbst rational sein; dennoch ist er nicht schlicht irrational im pejorativen Sinne, sondern außerrational (suprarational oder überrational, wenn man so will) und auf diese Weise artifizielle und individuelle Synthesisleistung ohne Begriff. Er ist dunkler Grund aller Einteilungen und Reflexionen und als solcher selbst a-tome Undurchdringlichkeit der Individualität im Können (das faktisch *ist:* ›possest‹ [sic!], d. h. als *Kunst* der Erkenntnis), die aller Logik der Forschung vorausgehen muß. Daher kann sie mit Popper auch Ingenuität genannt werden. Es verwundert also kaum, daß diese erstaunlich modern klingenden Gedanken des Nicolaus von Cues (oder Cusanus), der in fast allen Philosophiegeschichten dem Mittelalter zugerechnet wird, so hohes Ansehen bei Popper genießt. Erst in allerjüngster Zeit ist an philosophischen Seminaren von Universitäten eine deutlichere Rückbesinnung auf diesen fast vergessenen Denker zu beobachten.

Aber auch bei Descartes und Leibniz oder Pascal stehen die Themen der Phantasie, der Imagination und der ›Kunst zu überzeugen‹ im Mittelpunkt der Betrachtung, da diese die notwendige Grundlage einer Theorienüberprüfung ausmachen, die ihrerseits wiederum nötig ist, weil die Phantasie auch oft in die Irre gehen und nichts als Unsinn hervorbringen kann. Auch Descartes' methodische Problemlösung basiert auf der individuellen Kunst einer (semantisch offenen) Analyse, die von der ›phantasia vel imaginatio‹ dem Verstand vor-einteilend zugearbeitet wird, bevor es sich zeigen muß, ob dabei eine ›einfache Idee‹ auch deutlich (d. h. ›einfach‹) gemacht werden konnte, denn derselbe Gedanke vermag in einem anderen mitunter völlig anders zu wachsen als in seinem Urheber, woraus sich die Unerläßlichkeit der Kritik ergibt.

Eine ähnlich zentrale Rolle spielt in Kants ›Kritik der Urteilskraft‹ – als seiner dritten und die beiden vorangegangenen Kritiken abschließenden Kritik – die Betonung der regellosen (›reflektierenden‹) Fähigkeit zu urteilen, die sich im Finden von empirischen Spezifikationen durch ein geniales Individuum ausdrückt, wenn etwa ein bereits gelöstes Problem (P_1) ein Folgeproblem (P_2) aufwirft und somit eine *neue* Theorie erfordert, die es dann zu prüfen gilt. Dem Genie ist bei Kant das Talent zugesprochen: »dasjenige, wozu sich keine bestimmte Regel geben läßt, hervorzubringen«[3]. Es bedient sich hierzu seiner für den Verstand zweckmäßigen Einbildungskraft und verfährt – was insbesondere der Neukantianismus übersieht – gerade nicht nach ›transzendentalen Prinzipien‹, sondern unter Einsatz seines individuellen Vermögens, d. h. einer Kunst der Regel*formulierung* und nicht bloß einer subsumierenden Regel*befolgung*. Ohne jegliche Sicherheit a priori verläßt es sich auf den zufälligen Einfall (der auch nach Nietzsche nicht kommt, wann *ich* will, sondern wann *er* will). Deshalb ist nach Kant das geniale Individuum gelegentlich des Gelingens von sinnaufschließender Spezifikation empirischer Begriffe auch »erfreut« bzw. eines »Bedürfnisses [anläßlich anstehender Problemlösungsversuche] entledigt«[4]. Das Genie freut sich über sein originäres und innovatorisches Zustandebringen von neuen Perspektiven, Metaphern oder Theorien, die weiterhelfen, da es für diese selbst die Regel gegeben hat durch seine »Originalität seiner Naturgabe im freien Gebrauche (oder Spiel) seiner Erkenntnisvermögen«[5], *als ob* ihm die Natur oder Realität von sich aus in einer Erkenntnisaffinität entgegengekommen wäre. Und auch das ›transzendentale Subjekt‹ ist »in Ansehung einer der logischen Funktionen zu urteilen als bestimmt«[6] – d. h. in seiner Kategorienwahl – nicht auf eine bestimmte Kategorie vorprogrammiert, sondern *frei* (wenn auch nicht in einem beliebigen, sondern in einem zweckmäßigen Sinne).

In kritischer Auseinandersetzung mit Kants ›Kritik der reinen Vernunft‹, aber in ästhetischer Sympathie mit seiner ›Kritik der Urteilskraft‹ erscheinen die dem dynamischen Moment der Sprache zuneigenden Weltansichten Hamanns, Herders und Humboldts, die der je erneut wiederkehrenden (aktualen) variablen und individuellen Erzeugung von Perspektiven zur Problemlösung gewidmet sind, wie sie im ›jedesmaligen Sprechen‹ sich kunstvoll ereignet.

Der Hauptaspekt ruht hier auf der Differenz zwischen statisch (einzel-)wissenschaftlich-rationalem Diskurs (etwa am Beispiel der linguistischen Sprachwissenschaft aufzeigbar) und dynamisch philosophisch-intellektualem Begreifen (etwa der Sprachphilosophie). Unter Einbeziehung von Hamanns Kant-Kritik und Herders Sprachursprungstheorie lassen sich Wilhelm von Humboldts ›Sprachansichten‹[7] systematisch in das philosophische Programm einer *Kunst der Erkenntnis* einbetten, wie sie etwa anhand des (Grenz-)Begriffspaares ›Ergon/Energeia‹ aufscheinen, zumal der »Mensch sich nur selbst versteht, indem er die Verstehbarkeit seiner Worte an anderen versuchend geprüft hat«[8].

Von hier aus lassen sich die Erscheinungsformen des Geistes fassen, bis die sich als allgemeines Gesetz verstehende Vernunft auch als Einzelheit für andere begriffen ist und der absolute Geist die Dynamisierung der transzendentalen Apperzeption ausmacht. Von dieser ›Position‹ aus (die keine doktrinale Position mehr sein kann, da alle Wahrheit nur als zugestandene und damit kritisierte Wahrheit begriffen ist), geschieht die Selbstrelativierung von Überzeugungen durch den Begriff dessen, was es mit je individuellen Überzeugungen auf sich hat. Es wird somit eine durch den Begriff (des Begriffs) gegangene Toleranz und Souveränität erreicht, nachdem die (theoretische) Unterscheidung zwischen Theorie und Praxis obsolet geworden und das »Wahre nicht nur als Substanz, sondern ebensosehr als Subjekt« aufgefaßt ist[9]. Dieses Subjekt in seiner »atomen Undurchdringlichkeit«[10] als nicht mehr subsumierbares Individuum (und damit als anerkannte Freiheit) steht im (Anerkennungs-)Verhältnis zu anderen Individuen, welches den »einzigen Gegenstand und Inhalt der Philosophie«[11] darstellt.

Auch Nietzsche führt die formale Logik in ihrer irreleitenden Überstrapazierung an ihre eigene Grenze und hebt die individuelle Freiheit gegenüber einer vollkommenen und automatisierten Begriffsbestimmtheit – sozusagen als ›tertium datur‹ – hervor, indem er etwa darauf hinweist, daß alles Denken erst nach kunstvoller Bereitstellung durch Ingenuität anheben kann, womit er die andere Seite der Medaille beleuchtet. Und dies heißt gerade nach Nietzsche nicht, wir kämen jemals in den Besitz der absoluten Wahrheit, da wir uns immer nur in einem ›theoriegetränkten‹ Schema bewegen, was auch der zeitgenössische amerikanische Philosoph (und Harvard-Professor) Nelson Goodman betont: Wir neigen dazu, »eine bestimmte Beschreibung der wirklichen Welt mit dieser selbst zu verwechseln«[12]. Dies liegt auf der Linie dessen, was die deutschen Philosophen Josef Simon und Günter Abel[13] mit ihrer Ontologie-Kritik – gerade auf der Folie Nietzsches u. a. – zum Ausdruck zu bringen versuchen.

Wenn in der Erkenntnis- (oder Wissenschafts-)Theorie Poppers von ›conjectures‹ die Rede ist, gilt dies als Hinweis auf den temptativ-hypothetischen und temporären Status von Theorien, deren Anspruch auf Deckungsgleichheit mit der ›Wahrheit‹ – selbst unter ›Bewährung‹ – jederzeit zu früh erfolgt. Die moderne Wissenschaftstheorie, insbesondere die des Kritischen Rationalismus, der auf der Ingenuität Poppers basiert, setzt nicht beim Ort der Entstehung und Kreation – beim Individuum also –, sondern bei den bereits zur Diskussion gestellten Theorien an und versucht mit Widerlegungen (›refutations‹ via falsificationis), einen Fortschritt über Fehlschritte – die es zu eliminieren gilt – zu erreichen. Dies markiert zwar die Differenz zur Philosophie, die Popper bisweilen hart attackiert, aber dies markiert auch die immense Wichtigkeit zur Auseinandersetzung mit ihm, da die ›unended quest‹ nie zur Ruhe kommen kann, wenn (ganz im Sinne Poppers) ein *Dogmatismus* zugunsten der Humanität vermieden wird. Uns endlichen Individuen ist es niemals vergönnt, auf die Anstrengung des Begriffs Verzicht zu leisten, wenn wir die menschliche Freiheit,

Würde und Bereitschaft zu toleranter Kritik nicht verlieren wollen.

Man darf abschließend mit Goethe warnen: »Das Schicksal gewährt uns unsere Wünsche, aber auf seine Weise«[14], weshalb uns nichts geschenkt wird außer der Vernunft, die uns durch ihre Bereitstellung der kritischen Fähigkeit dazu ermuntert und ermutigt, gravierende Irrtümer zu vermeiden, soweit wir dazu in der Lage sind. Auch Gegner der Popperschen Sichtweise haben ihm die Erinnerung daran zu verdanken, denn auch diese können nur mit Hilfe einer präferierten *Theorie argumentieren.*

ANMERKUNGEN

Einleitung

1 Vgl. ›Die meistzitierten deutschsprachigen Philosophen‹, in: Information Philosophie 1/1986, S. 86, wo POPPER an zweiter Stelle vor Gadamer und hinter Habermas genannt wird: »Diese Liste wurde während des Jahres 1985 systematisch anhand deutschsprachiger philosophischer Bücher mit Autorenregister ermittelt.«

2 POPPER, Auf der Suche nach einer besseren Welt, S. 100.

3 POPPER, How I See Philosophy, p. 142.

4 POPPER, Karl R.: Reform oder Weigerung? (Herbert MARCUSE/Karl R. POPPER), in: GROSSNER, Claus: Verfall der Philosophie. Politik deutscher Philosophen, Hamburg 1971, S. 144: »Sie haben leider übersehen, daß ich zwar ein nichtrevolutionärer Liberaler bin, daß aber meine Erkenntnistheorie eine Theorie des Wachstums der Erkenntnis durch intellektuelle oder wissenschaftliche Revolutionen ist.«

5 Vgl. DÖRING, Eberhard: Hegels Begriff der Bildung als Entfremdung, in: Vierteljahresschrift für wissenschaftliche Pädagogik 4/1985.

1. Kapitel

1 FICHTE, Johann Gottlieb: Erste Wissenschaftslehre von 1797, Stuttgart 1969, S. 23.

2 ALBERT, Hans: Traktat über kritische Vernunft (Karl Popper gewidmet), Tübingen 1975, vgl. insbesondere S. 104 ff.

3 POPPER, Karl R.: Die offene Gesellschaft und ihre Feinde, Bd. I, Hegel, Marx und die Folgen, München 1975; vgl. ders.: What is Dialectic?, in: Mind, 49, p. 403–426; vgl. dazu DÖRING, Hegels Begriff der Bildung, a.a.O., S. 501–509.

4 POPPER, Auf der Suche nach einer besseren Welt.

5 POPPER, Unended Quest, p. 41.

6 Vgl. Döring, Eberhard: 200 Jahre Kritik der reinen Vernunft. Die ›Kopernikanische Wende‹ von 1781, in: liberal 9/1981, S. 706–708.
7 Kant, Immanuel: Kritik der reinen Vernunft, A 51/B 75.
8 Popper, Conjectures and Refutations; vgl. Conjectural Knowledge: My Solution of the Problem of Induction, in: Revue internationale de philosophie 25/1971, S. 167–197.
9 Kant, Immanuel: Kritik der Urteilskraft, A III/ B III–A LVIII/B LX.

2. Kapitel

1 Popper, Karl R.: Die Logik der Sozialwissenschaften, in: Adorno, Th. W., u. a.: Der Positivismusstreit in der deutschen Soziologie, Darmstadt/Neuwied 1972, S. 115.
2 Kant, Immanuel: Kritik der reinen Vernunft, B 19. »Die eigentliche Aufgabe der reinen Vernunft ist nun in der Frage enthalten: Wie sind synthetische Urteile a priori möglich?«
3 Freytag-Löringhoff, Bruno von: Logik I. Das System der reinen Logik und ihr Verhältnis zur Logistik, Stuttgart 1972, S. 31.
4 Popper, Die beiden Grundprobleme der Erkenntnistheorie, Kap. 9 (S. 52–68).
5 Wiederabgedruckt in: Auf der Suche nach einer besseren Welt, Kap. 9 (S. 137–147).
6 Vollmer, Gerhard: Evolutionäre Erkenntnistheorie, Stuttgart 1983.
7 Kant, Kritik der reinen Vernunft, B 128.
8 Vgl. Fn. 1, S. 123.

3. Kapitel

1 Deutsch in: Theorie und Politik aus kritisch-rationaler Sicht, hrsg. v. Georg Lührs u. a., Berlin/Bonn 1978; Original: How I See Philosophy, in: The Owl of Minerva. Philosophers on Philosophy, hrsg. v. C. T. Bontempo und S. J. Odell, McGraw-Hill, New York, p. 41–55.
2 Hier zitiert nach einem mit persönlicher Widmung versehenen Exemplar eines Wiederabdrucks, in: Philosophers on Their Own Work, vol. 3, ed. by André Mercier and Maja Svilar, Frankfurt a. M./Bern/ Las Vegas 1977.
3 Ebd. (übers. v. Vf.).
4 Der 1963 erschienene Band enthält in Teil 1 Arbeiten zum Vermutungswissen und dessen Revidierbarkeit, in denen Popper seinen eigenen erkenntnistheoretischen Standpunkt erläutert; in Teil 2 setzt er

sich mit weitverbreiteten Ansichten anderer Philosophen auseinander.

5 Von den Quellen unseres Wissens und unserer Unwissenheit, in: Mannheimer Forum, 75/76, hrsg. v. Hoimar von DITFURTH, Boehringer Mannheim GmbH, 1975, S. 9–52; Was ist Dialektik, mehrfach erschienen, zuletzt in: Kritischer Rationalismus und Sozialdemokratie, hrsg. v. Georg LÜHRS u. a., Berlin/Bonn-Bad Godesberg 1975, S. 89–102; Über die Möglichkeit der Erfahrungswissenschaft und der Metaphysik, in: Ratio, Frankfurt a. M. 1958, Nr. 2, S. 1–16.

6 Zitiert nach: Conjectures and Refutations, London/Henley 1972, S. 312–335.

7 In einem Kamingespräch in Tübingen im Mai 1981.

8 KANT, Kritik der reinen Vernunft, B 759 Anm.

9 HEGEL, Georg Wilhelm Friedrich: Geschichte der Philosophie, Einleitung, ed. Glockner 17. 67.

10 POPPER, Auf der Suche nach einer besseren Welt, S. 218.

11 CUES, Nicolaus von (CUSANUS): De Coniecturis, ed. Koch/Happ, Hamburg 1971, S. 66 (Lateinisch-deutsche Ausg.).

12 HEGEL, Georg Wilhelm Friedrich: Wissenschaft der Logik, ed. Lasson, Bd. II, S. 486.

13 Ebd., S. 485 f. Vgl. zum Problem der Dialektik bei Hegel auch DÖRING, Eberhard: Hegels Begriff der Bildung als Entfremdung, in: Vierteljahrsschrift für wissenschaftliche Pädagogik, 4/1985; und SIMON, Josef: Hegel/Hegelianismus, in: Theologische Realenzyklopädie, Bd. XIV, S. 547.

4. Kapitel

1 POPPER, The Poverty of Historicism, p. 51.

2 LIPPMANN, Walter: The Good Society (1937), Kap. XI, S. 203 ff.

3 MARQUARD, Odo: Die Frage nach der Frage, auf die die Hermeneutik die Antwort ist (Vortrag an der Universität Tübingen am 26. 11. 1979). Das genannte Zitat wurde in der Druckfassung dieses Vortrags nicht berücksichtigt (vgl. ders.: Abschied vom Prinzipiellen, Stuttgart 1981, S. 117–146), findet sich aber aufgrund einer persönlichen Mitschrift in: DÖRING, Eberhard: Der liberale Philosoph Karl R. Popper, in: liberal 3/1980, S. 212–225.

4 Vgl. hierzu KUHN, Thomas S.: Die Struktur wissenschaftlicher Revolutionen, Frankfurt a. M. 1973.

5 POPPER, The Poverty of Historicism, p. 103.

6 Ebd., p. 113.

5. Kapitel

1 KANT, Immanuel: Beantwortung der Frage: Was ist Aufklärung?, in: E. BAHR (Hrsg.): Was ist Aufklärung? Thesen und Definitionen, Stuttgart 1976, S. 9.

2 KANT, Kritik der reinen Vernunft, A 22, B 36.

3 KANT, Kritik der reinen Vernunft, A 51, B 75.

4 KANT, Immanuel: Prolegomena zu einer jeden künftigen Metaphysik, die als Wissenschaft wird auftreten können (hrsg. von K. VORLÄNDER), Hamburg 1969, S. 79.

5 Vgl. ALT, Jürgen August: Vom Ende der Utopie in der Erkenntnistheorie, Meisenheim 1980.

6 Diesem Brief Poppers lag ein Gutachten bei sowie seine Autobiographie ›Unended Quest‹ neben mehreren Sonderdrucken als Dank für: DÖRING, Eberhard: Metakritik der ›Kritik des kritischen Rationalismus‹, in: Rechtstheorie, Berlin 2/1977.

7. Kapitel

1 Deshalb sollte in der vorliegenden Darstellung bzw. Einführung im 2. Kapitel der Hauptaspekt auf die rein formallogische Voraussetzung des ›modus tollens‹ und die daraus resultierenden Konsequenzen für die der Verifikation entgegengesetzte Falsifikation gelegt werden, während hier (im 7. Kapitel) das Humesche Problem der Induktion und Poppers Reformulierung (bzw. Lösung) als Basis für die Behandlung der Drei-Welten-Lehre, der ›objektiven Erkenntnis‹ und die damit verbundene Strategie des ›trial-and-error‹-Verfahrens im Zentrum der Betrachtung stehen sollen.

2 Hierzu gehören auch die Ausführungen im zweiten Kapitel der ›Objektiven Erkenntnis‹, die aber weitgehend in einer Wiederholung der Kernpunkte des Gesagten bestehen. Unter der Überschrift ›Zwei Seiten des Alltagsverstands: Ein Plädoyer für den Realismus des Alltagsverstands und gegen die Erkenntnistheorie‹ ist jedoch noch eine Formulierung herauszugreifen, die vielleicht nicht oft genug – gegen eventuelle Mißverständnisse – repetiert werden kann: »Die Idee der Wahrheit ... ist absolut, aber es kann keine absolute Gewißheit geben: wir suchen nach der Wahrheit, aber wir besitzen sie nicht« (47).

3 Die 3-Welten-Theorie wird im Zusammenhang des Leib-Seele-Problems noch einmal relevant, weshalb sie im nächsten Kapitel erneut Behandlung findet (vgl. u. Kap. 8).

4 Vgl. ALT, Vom Ende der Utopie in der Erkenntnistheorie, S. 31.

8. Kapitel

1 POPPER, Unended Quest, p. 132.
2 Ebd., p. 150.
3 Ebd., p. 132.
4 POPPER, Logik der Forschung, S. 223.
5 Vgl. POPPER, Karl R.: Conjectures and Refutations. The Growth of Scientific Knowledge, London/New York ⁴1972.
6 WHITEHEAD, Alfred North: Prozeß und Realität. Entwurf einer Kosmologie, Frankfurt a. M. 1978.
7 HALDANE, J. B. S.: The Inequality of Man, London 1937, p. 157.
8 EPIKUR, Aphorismus 40.
9 Vgl. SIMON, Josef: Wahrheit als Freiheit, Berlin/New York 1978.
10 Vgl. VOLLMER, Gerhard: Evolutionäre Erkenntnistheorie, Stuttgart ³1983, S. 118. Zwar stützt sich die ›evolutionäre Erkenntnistheorie‹ auf Poppers Erkenntnistheorie des Kritischen Rationalismus und auf die damit verbundene Perspektive des Realismus, aber Popper sieht in der Erkenntnis keinen ›Apparat‹.
11 Vgl. auch: Eccles, John C./ZEIER, Hans: Gehirn und Geist, München 1980.

9. Kapitel

1 POPPER, Conjectures and Refutations, zitiert nach der Ausgabe London/ Henley 1972. Die deutsche Ausgabe unter dem Titel ›Vermutungen und Widerlegungen‹ ist in Vorbereitung.
2 Vgl. hierzu die Rezension in: Universitas 6/1985, wo der Vf. die starke Polemik Poppers kritisiert.
3 POPPER, Logic of Scientific *Discovery*. Das Thema der Entdeckungen und Einfälle wird – im Gegensatz zur starken Betonung der Geltungsreflexion – nicht berücksichtigt oder der Psychologie zugerechnet. Deshalb soll in der Schlußbetrachtung auf das Thema der Genesis von Theorien eingegangen werden, daß in Verbindung mit Poppers ›Welt 2‹ zu sehen ist.
4 Diesen Vortrag hielt Popper am 26. Mai 1981 anläßlich der Verleihung des Dr.-Leopold-Lucas-Preises an der Universität Tübingen, wobei er von zahlreichen Kritikern gestört wurde. Das Angebot des Hausherrn, die Polizei holen zu lassen, um die Störer vom Festakt fernzuhalten, wurde von Popper abgelehnt. Er überließ sein Rednerpult für eine halbe Stunde seinen Kritikern, die dabei u. a. verlauten ließen, Poppers Kritischer Rationalismus sei »historisch längst überwunden«.

Schlußbetrachtung

1 BUBNER, Rüdiger: Dialektik und Wissenschaft, Frankfurt a. M. 1974, S. 170.

2 NIETZSCHE, Friedrich: Nachgelassene Fragmente, in: Sämtliche Werke, Kritische Studienausgabe, München 1980, S. 550 (10.159, 265), Bd. 12.

3 KANT, Kritik der Urteilskraft A 180, B 182.

4 Ebd., A XXXII, B XXXIV.

5 Ebd., A 198, B 200.

6 KANT, Kritik der reinen Vernunft, B 128.

7 Vgl. BORSCHE, Tilman: Sprachansichten. Der Begriff der menschlichen Rede in der Sprachphilosophie Wilhelm von Humboldts, Stuttgart 1981.

8 HUMBOLDT, Wilhelm von: Gesammelte Schriften, hrsg. v. Preußische Akademie der Wissenschaften, Berlin 1903–1936, Bd. 6, S. 155.

9 HEGEL, Georg Wilhelm Friedrich: Phänomenologie des Geistes, ed. Hoffmeister, Vorrede, S. 19.

10 HEGEL, Georg Wilhelm Friedrich: Wissenschaft der Logik, ed. Lasson, Bd. II, S. 484.

11 Ebd.

12 GOODMAN, Nelson: Tatsache, Fiktion, Voraussage, Frankfurt a. M. 1975, S. 78.

13 Vgl. SIMON, Josef: Wahrheit als Freiheit, Berlin/New York 1978; und ABEL, Günter: Nietzsche. Die Dynamik der Willen zur Macht und die ewige Wiederkehr, Berlin/New York 1984.

14 GOETHE, Johann Wolfgang von: Die Wahlverwandtschaften, dtv Gesamtausgabe 19, S. 167.

AUSWAHLBIBLIOGRAPHIE

Poppers Buchveröffentlichungen in chronologischer Reihenfolge

(Berücksichtigt werden jeweils nur die ersten Auflagen in England und Deutschland)

1934 Logik der Forschung, Wien (Julius Springer Verlag); zitiert nach ⁶1976, Tübingen (Mohr-Siebeck)

1945 The Open Society and Its Enemies, Vol. I, The Spell of Plato, London (Routledge & Sons Ltd.)
The Open Society, Vol. II, The High Tide of Prophecy: Hegel, Marx and the Aftermath, London (Routledge & Sons Ltd.)

1957 The Poverty of Historicism, London (Routledge & Kegan Paul)/Boston, Mass. (The Beacon Press)
Die offene Gesellschaft und ihre Feinde, Bd. I, Der Zauber Platons, Bern (Francke)

1958 Die offene Gesellschaft und ihre Feinde, Bd. II, Falsche Propheten: Hegel, Marx und die Folgen, Bern (Francke)

1959 The Logic of Scientific Discovery, London (Hutchinson & Co.)/New York (Basic Books Inc.)

1963 Conjectures and Refutations: The Growth of Scientific Knowledge, London (Routledge & Kegan Paul)/New York (Basic Books Inc.)

1965 Das Elend des Historizismus, Tübingen (Mohr-Siebeck)

1972 Objective Knowledge: An Evolutionary Approach, Oxford (Clarendon Press)

1973 Objektive Erkenntnis: Ein evolutionärer Entwurf, Hamburg (Hoffmann und Campe)

1976 Unended Quest: An Intellectual Autobiography, London (Fontana/Collins)

1977 The Self and Its Brain: An Argument for Interactionism (mit John C. Eccles), Berlin/Heidelberg/London/New York (Springer)

1979 Die beiden Grundprobleme der Erkenntnistheorie, Tübingen (Mohr-Siebeck)

Ausgangspunkte. Meine intellektuelle Entwicklung, Hamburg
(Hoffmann und Campe)

1982 Das Ich und sein Gehirn (mit John C. Eccles), München (Piper)

1982/1983 Postscript to the Logic of Scientific Discovery,
Vol. I: Realism and the Aim of Science
Vol. II: The Open Universe: An Argument for Indeterminism
Vol. III: Quantum Theory and the Schism in Physics (ed. by W. W.
Bartley III), London, Melbourne, etc. (Hutchinson)

1984 Auf der Suche nach einer besseren Welt. Vorträge und Aufsätze aus
dreißig Jahren, München (Piper)

In Vorbereitung:
Vermutungen und Widerlegungen
Tübingen (Mohr-Siebeck)

PERSONENREGISTER